あなたは絶対！運がいい

浅見帆帆子

グラフ社

だれでも運のいい人になれる

「自分の心の持ち方一つで、思いどおりに人生は変えられる、変わっていく」

「自分の精神レベルが上がると、欲しいものが向こうから近づいてくる」

「心の底から思っている理想は、どんな大きなことでも実現する」

「だれでも運のいい人になれる」


これが、わたしがこの本の中で言いたいことです。

わたしは、何か不思議なモノが見えてしまう特異体質ではありません。特定の宗教に属しているわけでもないし、その手の修行を積んだわけでもありませんし、まして悟りを開いたなどということでもありません。

でも、「世の中に起こるすべての事柄には何か見えない大きな力が働いていて、いいことが起こるのも悪いことが起こるのも、自分で決められるみたい…」ということを、大学生の頃から強く思うようになりました（最近ではたくさんの人が気付き始めていますが、この本を手に取ったあなたも、その一人ではないですか？）。

そこでわたしは、本屋さんにここ何年かで急に広がった「精神世界」のコーナーや、最近はやりの分野である「生き方」「愛し方」、はては「死に方」「心の癒《いや》し方」などの本を読み、そこに書いてあることを実際に試してきました。

その結果、自分でも信じられないような素晴らしいことが日常生活の中でたくさん起こり、**「自分のまわりに起こることは、どんな小さなことでも、全部自分が招き寄せているのだから、今からでも、自分次第でいいことばかり起こる人生に変えることができる」**ということを確信しました。

いいことばかり起こる人生をつくっているものは、「プラスのパワー」です。

これは、おどろおどろしい不思議な世界の話なんかではないし、「プラス思考で毎日明るく暮らしましょう」なんていう単純な話でもありません。わたしたちの生活を、自分の望みどおりの方向（プラス）へ動かしていくパワーのことです（もちろん、使い方によってはマイナス方向にも動かします）。

プラスのパワーを利用すると、今までの自分の常識では不可能だと思っていた望みがかなってしまったり、正に、自分の生活が理想へ向かって変わっていくのです。目の前ではっきりわかるので、恐ろしいほどです。そして何より大事なのは、このパワーをつくっているのがすべて自分の「心」「意識」だということです。

このような考え方があるのはわかっていても「そりゃ、そう考えるのが一番理想的だけど…」「わたしはそういうことができる性格や体質じゃない」という具合に、自分の生活に取り入れていない人がほとんどだと思います。自分とは関係ないことと捉《とら》えているのです。このような人たちは、実体験をしていない、または体験していることに気付いていないだけだと思います。本当は、すでに体験していることがきっとあるはずです。

わたし自身、日常の小さなことから一つずつ体験して、自分の生活がぐんぐん変わっていくのを目の当たりにしてからは、このパワーの効果に驚くと同時に、生きていくのがなんて楽なんだろう、と思えるようになりました。

この力を知らなかった時のわたしと、知っている今とでは、自分のまわりに起こる現象がこんなにも違うんだなということに驚きつつ、わたし自身もこのパワーをふやすべく現在努力中です。


この本を書くにあたって、わたしのような若造がこんなにえらそうなことを書いていいものか、ずいぶん迷いました。でも弱冠二十四歳だからこそ、これからの人生に役立てるために言いたいと思います。

このパワーとエネルギーをマイナスに働かせてはもったいない、このすごさをまわりの人たちみんなにもっともっと知ってほしいと思います。

このパワーの仕組みとコツを覚えれば、かなわない望みはありません。

ぜひ、今日から試してみてください。

目次

第2章　とにかく、理想は現実になると信じること

第5章　レベルを上げるチャンスは逃さない

第6章　そして、川の流れのように生きる

カバー・本文イラスト／浅見帆帆子

第1章

自分のまわりに起こることは、全部自分が決められる

You Can Decide All Happens Around You.

「運のいい人」は最初から決まっているの？

だれでも、自分の人生を自分の望みどおりの方向にもっていくことができます。

「運」も自分で招き寄せることができるし、「いいことばかり起こる運のいい人」というのにも、だれだって簡単になれるのです。

そもそも、「運のいい人、悪い人」というのは存在しないのです。

これは、まわりの人を観察していて気付いたことや、本を読んだり人の話を聞いてわかったことを、わたし自身が実験台となっていろいろ試した結果です。


社会人三年目になって、わたしのまわりの友人たちもそれぞれの道を歩き始めました。

学生の時はお互い似たようなもので、大した違いはなかったはずなのに、もうみんながそれぞれ自分の人生を歩んでいる、って感じです。

学生時代の数年の月日の流れというのは、中学生が高校生に、高校生が大学生になる程度の変化しか起こさなかったのに、これからの数年というのは、正に人生の岐路のような気がします。一人一人の前に人生の「道」が何本も用意されていて、どれを選ぶかはすべて自分次第、本当に大切な時期ですよね。

「いずれはこうなりたい」「絶対こういうことがしたい」という目標を掲げて頑張っている友だちがたくさんいます。この若さで会社をつくって成功している人もいるし、自分のステップを予定どおりに着々と登っている人たちもいます。

状況と目指しているものは人それぞれだけど、そんな友だちを見ていると、わたしにもやる気がわいてくる…。

でも、ここで一つ不思議なことがあるのです。

いろんな友だちのいろんな話を聞いているとわかるのですが、いつもトントン拍子にことが運ぶ人もいれば、なかなか予定どおりに運ばない人もいる。

何も問題なく、知らない間にスルスルッとうまくいってしまう人と、いつもトラブルに巻き込まれる人がいる。

みんな努力していることに変わりはないはずなのに、「いつも運がいいよね」と言われる人と、「運が悪いね」と言われる人がいる。

「これは一体どういうことだろう?」と、ずっと考えてきました。

実は、わたしは大学一年生の頃、「いつもトントン拍子にことが運ぶ人」について考えた時期があって、その時はそれなりに答えが見つかったつもりでいました。でも学生の時は、運のいい人と悪い人との結果の差がはっきりしていなかったので、いまいち自分の答えに自信がなかったのです。

でも、社会人になってはっきりと、「うまくいかせる秘訣《ひけつ》はやっぱりこれだな、運がいいのも悪いのも、すべてはこれに尽きるな」と感じるようになりました。

それ以来、この秘訣を実際に生活の中に取り入れて試してみて、今ではほぼ確信しています。

「運のいい、悪い人」を決定しているものはプラスのパワー

物事をうまくいかせる秘訣、それは一言で言うと、「プラス思考」なのです。

なあんだ、プラス思考か、それなら知ってる…、と思うのはちょっと待ってください。

ここで言う「プラス思考」とは、今まで世間で言われてきたものとは少し違うのです。

ありふれた言葉が出てきてがっかりした方は、「プラス思考」の持つ力の本当の強さ

を、まだ知らない方だと思います。

まわりにいるいろんなことがうまくいっている人は、みんな「プラス思考」の人です。「プラス思考」こそが、自分の思いどおりの生活を実現できるかできないかを左右するものなのです。

最近、「プラス思考」という言葉って耳慣れてきましたよね。「ポジティブシンキング」とか「前向きに考えよう」とか言い方はさまざまですが、だれでも一度は耳にした言葉だと思うので「いまさら…」と思うかもしれませんが、ほとんどの人がこれを甘く考えています。「そりゃあ、マイナスよりプラスのほうがいいに決まってるじゃない」なんて、そんな簡単なことを言っているのではありません。

もっともっと奥の深いこと、**本物の「プラス思考」こそ自分の望みを実現させる決め手であり、自分のまわりに起こる事柄を一変させることができる、ものすごい方法なのです。**

プラス思考をしたことによって生まれる力を、わたしは「プラスのパワー」と呼んでいます。自分を運のいい人にするか、運の悪い人にするかを操作しているものです。「プラスのパワー」を生活の中で利用するのとしないのとでは、理想の生活を達成する然違います。

、自分のものの考え方や心の持ち方をプラスに変えさえすれば、運のいいこと

こせるのです。

なにをやってもうまくいかない時、「それがわたしの運命なんだ」ということは絶対にないのです。

「プラス思考」と「プラスのパワー」の仕組みさえわかって、一〇〇パーセントこれを実践できたとしたら、運がよくなるどころか、かなわない望みはありません。

でも大半の人たちは、その方法を聞いて理解しても、それがうまくいくかどうかしっかりした自信がないし、「いまいち実感がわかない」「頭ではわかっているんだけど、その効果が目で見えないからわからない」と、心のどこかでこの方法を疑っていませんか。

その堂々巡りから抜け出すには、まず試しに実践してみることです。

自分のまわりに起こることが、はっきりと変わっていくのが身にしみてわかります。

「自分の生活が変わること」に勝る説得力はありません。

三次元の次にあるのは意識の世界

わたしたちは、三次元までの世界に住んでいます。一次元、二次元、三次元は目に見える世界だから誰でも信じることができますが、四次元から先は手探りで、今のところどんな世界だか定義することはできません。

でも最近は、いろんな情報をもとにして、かなり多くの人たちがその存在を理解し始めています。少し不気味でオカルトチックな世界から入る人もいれば、ＵＦＯの世界まで、幅広くです。ときには、生まれつき特殊な体質で、それを見たり感じたりする人もいるし、修行を積んで悟りから入る方もいる。

みなさん到達のしかたはいろいろですが、目に見えない世界がある、ということを考え始めている人が増えてきました。

プラスのパワーの働きも目に見えません。でもこれを活用することで、常識では考えられないこと、「え？　こんなことってありえるの？」という事実をたくさん経験したので、そういう力があることはわかってきました。

こんな話を聞いたことがあります。

「一次元は直線の世界です。その世界に住んでいる者（立体の世界じゃないから、住んでる者がいること自体おかしいのですが、仮に、です）がこの線の上をただひたすら歩いていたら、前方の線の上に丸太が落ちてきました。前後しか進めない一次元の世界なので、この者はこれ以上先に進めません。

これを見た二次元の平面の世界に住んでいる者は、『なんだ、簡単だよ』と横に移動して丸太の反対側に行くことができました。

しばらく進むと、万里の長城のように、ずっと横に続いた壁がそびえ立っていました。二次元の世界の者は、ここで進めなくなりました。

三次元の世界のわたしたちには簡単なことです。『高さ』という観念があるので、壁をよじ登って向こう側へ行くことができました。

じゃあ、わたしたちの上に、鉄でできた大きなバケツが降ってきたら、一体どうやって抜け出せばいいのでしょう?」

一つ上の次元から見たら、下の次元の抱えている問題や悩みは本当に簡単なことなのに、下の次元の世界にいる者はその「観念」がないからその解決法を思いつきもしない。

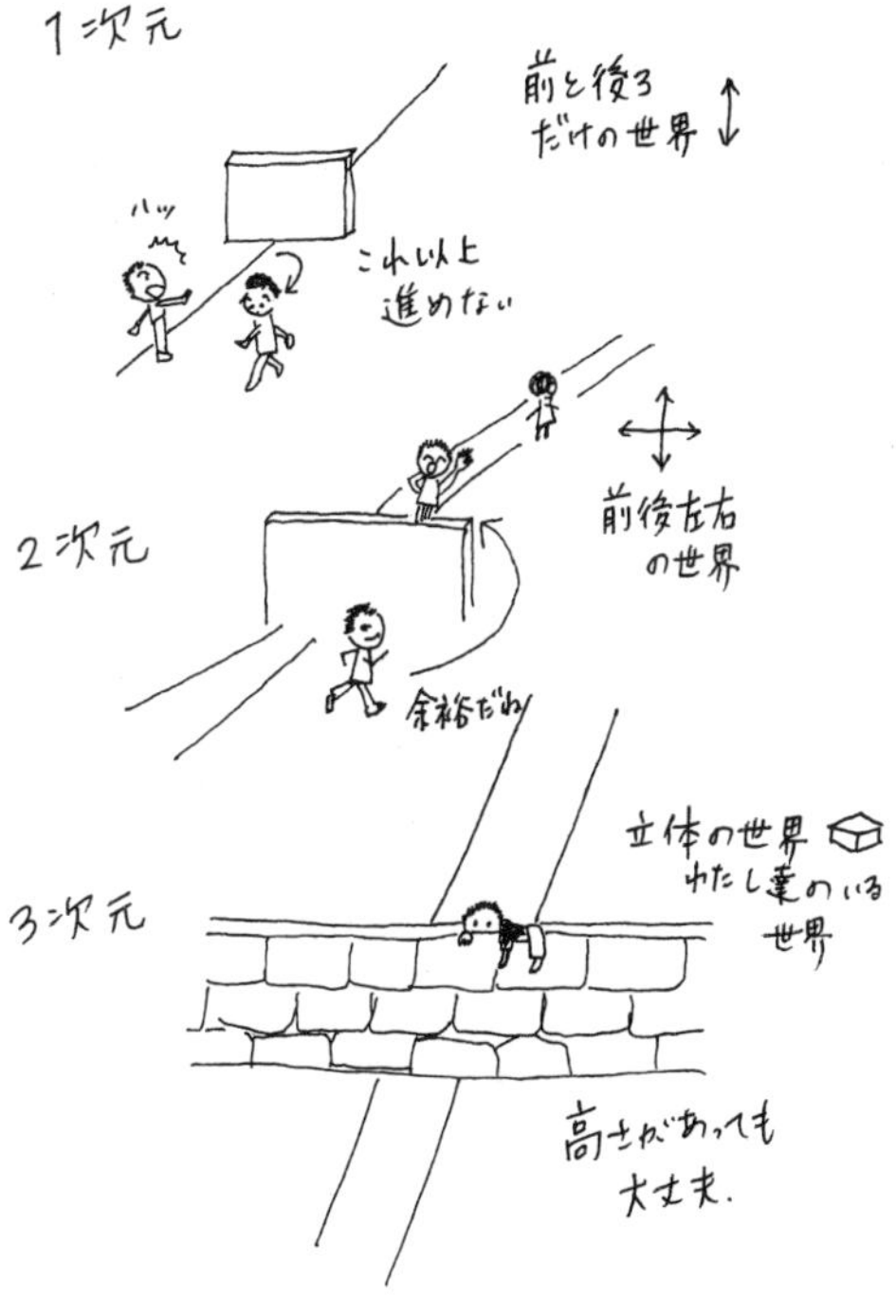
1次元
前と後ろ
だけの世界
ハッ
これ以上
進めない
2次元
前後左右
の世界
余裕だね
3次元
立体の世界
わたし達のいる
世界
高さがあっても
大丈夫.

でもスッポリ
かぶせられたら
どうすれば
脱けだせる…?

四次元、五次元から見たら、鉄のバケツからも簡単にクリアできるのかもしれません。

三次元の次にくるものは、わたしは「意識」の世界だと思っています。

「意識の世界」では「人の考え」「思い」「心」「想念」「意念」「念力」、さらにその先には「真我」までいろいろありますが、これらの持つエネルギーがパワーとなって、物事を動かしているのです。

この「意識」の世界を日常レベルで考えると、「その人の日頃の考え方や思い方（パワー）が、その人のまわりすべてのことに影響を与えて動かしている」ということです。

つまり、自分の思いどおりの生活をするのも、楽しいこともいやなことも、みんな自分のせいで、どんなラッキーなことも憂うつなハプニングも、すべて自分が引き寄せているってことなのだと思います。

楽しい人生にするか、つまらない人生にするかは、すべて自分の「意識」が引き起こしていることなのです。

ということは、自分の考え方次第で、いいことだけを引き寄せるようにもできるはずなのです。

このいいことだけを起こすパワーが、わたしの考える「プラスのパワー」です。

本当の「プラス思考」は、自分の悩みや問題まで解決してくれる

今や「プラス思考」という言葉は、すっかり市民権を得ましたよね。できることなら毎日楽しく明るい気持ちで暮らしたい、とだれでも思っているでしょう。

そのためには、どんなことでも暗く考えるよりは明るく考えたほうがいいに決まっています。プラス思考というのは物事のよい面に焦点を当てた捉《とら》え方だから、プラス思考をすれば気分が明るくなる、これも、みなさんわかっていることです。

でも、これは今までの常識だけで捉えたプラス思考です。

今までは、このプラス思考というものを、トラブルや憂うつなことから気をまぎらわす時に使うもの、と思っていた人が大半だったと思います。「たとえいやなことが起こっても、違う角度からいい面を見てみれば、気が楽になるよ、乗り越えられるよ」という考え方です。

ここで言う「プラス思考」とは、起こったことに対して自分を励ましたり、心の傷を和らげるような消極的なことではありません。

「本当のプラス思考」とは、「まわりの事柄に関係なく、積極的に、自分の心の中をプラスの意識（プラスのパワー）でいっぱいにする」ということです。

この「プラスのパワー」をつくって、これがあふれるくらいたくさんになると、自分のまわりにあるマイナスの問題や悩みをやっつけてくれる（解決してくれる）働きをする、というものです。

心の中のプラスのパワーと自分のまわりの解決したい問題とは、なんのつながりもないじゃないか、と思っていませんか？　実は、それが関係があるのです。

では、「自分のまわりにあるマイナスの事柄」というのは何でしょうか。

それは、自分が悩んでいることや困ったこと、解決しなくてはならないトラブルなど、すべてです。

突然起きたトラブルだけではありません。友人、恋人、夫婦、上司と部下、先輩と後輩、嫁と姑《しゅうとめ》、日頃から慢性的に抱えているどんな人間関係の悩みも、仕事についても、自分が憂うつに思うことすべてが、自分にとってのマイナスの事柄です。

このマイナスの事柄が、自分の明るい気持ちを妨げているんですよね。もし自分の抱えているマイナスの事柄がなくなれば、いつも明るい気持ちで過ごせて楽しく暮らせるはずです。

明るい気持ちを妨げる悩みを解決して、楽しく暮らすためには、ここで言う「プラス思考」をしないといけないのです。

でもこれは、今抱えている悩みそのものに対してプラス思考で考えるということではありません。ここが大切です。

毎日プラス思考で過ごすことと、今の自分が抱えているマイナスの悩みとはなんの関《かか》わりもなくてよいのです。この、一見関係のなさそうなプラスのパワーを信じることができるかどうかが決め手です。

毎日の生活の中で自分の考え方を「プラス思考」にして、「プラスのパワー」を増やしていくと、自分の抱えているトラブルまでが自然と解決してしまいます。

何度も言いますが、ここで言う「プラス思考」とは、「自分にとっての憂うつなこと、マイナスのことを消化してしまうプラスのパワー」ということです。

プラスのパワーのつくり方――日常編

どうやってプラスのパワーが自分のトラブルを解決してくれるかを説明するために、まず、プラスのパワーのつくり方を紹介します。

基本は、自分の心を喜ばせる行いをすることです。

と言っても、自分の好きなことだけやって遊んで暮らせばよいと思う人はいませんよね。

自分の心が、本当にすがすがしく、いい気分になることをするのです。

例えば、

- 日常生活の小さなことにイライラしたり、文句を言ったりしない。
- いつも笑顔で過ごす。
- 家族や友人、身近な人々と円満に過ごす。
- まわりの人に寛大になる、思いやる、親切にする。
- その時、目の前にあることに全力を尽くす。

・自分の行いをよくする。
・自分の行いを振り返る。

俗に言う「徳を積む」という行いは、全部プラスのパワーにつながると考えていいと思います。プラスのパワーをつくるチャンスは、特別なことをしなくてもたくさんあるということです。

わたしは聖人ではないし、道徳的な話をするつもりはありません。右に書いたようなことをすべて守って、完全な人になることを勧めているのでもありません。百人いたら百とおりの生活環境があると思うので、今自分が思いつく、自分に合ったことだけを積極的にやればいいのだと思います。

例えば人間関係、特に家族において、

・兄弟姉妹といつもケンカばかりしている人は、たまには自分のほうから優しい言葉をかけてみる。
・嫁、姑《しゅうとめ》と衝突して暮らしている人は、たまには外で一緒に食事をしてみる。
・いつも忙しい人は、たまには家で夕飯を食べる。

・たまには祖父母の長電話につきあう。
・たまには子供と遊ぶ時間をつくる。
・たまには一家団欒《だんらん》する。
・いつもより、少しまわりの人に寛大になる。

わたしの中で一番のネックはこれだな、ということを見つけて、それを注意しようと意識するだけでもいいのだと思います。状況はすぐに変わらなくても、自分のプラスのパワーはどんどん増えています。

たった今、これに相当することがパッと思いつかない場合は、世間一般に「よいこと」とされている行いをすればいいのです。

・言葉遣いに気を付ける、礼儀正しくする。
・身のまわりをきれいにする。
・部屋の掃除をする。
・重そうな荷物を持つお年寄りを手伝う。
・ゴミのポイ捨てをしていた人はやめる。
・人の悪口を言うのはやめる。

などなど。

特別なことをしなくても、自分の中の小さな心構え、人に優しく穏やかになろうという意識、これがプラスのパワーをつくるのです。

とにかく、いつも明るい気分でいよう

プラスのパワーは、人の明るい心から生まれます。

よいことをするとプラスのパワーが増えるのは、よいことをしたほうが自分の気分が明るくなるからです。

人に親切にすると、「今日はいいことをしたなあ」と自分の気分がよくなりますよね。される側ももちろんうれしいのですが、よい行いをすると、うれしくなって明るい気持ちになります。

人に嫌味を言えば、言われた側だけでなく、言った側も「あんなこと言わなきゃよかった」と後味が悪くなります。

よいことをしているほうが、絶対的に気分がいいのです。

気分がよくなること、明るい気持ちになることは、プラスのパワーが増えているということです。だから、プラスのパワーを増やそうと思ったら、常に自分の心を明るい気持ちに保っておくように気をつければいいのです。そして、そのためにはどうすればいいかを考えればいいのです。

これから書いていくことは、すべて、「自分が心の中で気分がいいと感じることをする、自分の心を喜ばせる」という考えに基づいています。

気分がよくなる行いをして、自分の中のプラスの要素をどんどん増やしながら生活していると、自分が抱えていたはずの悩みやトラブルまでが、知らぬ間に（目に見えない次元で）解決してきます。

これは本当に不思議です。

自分に起こった問題の分野と、日常の行いに注意して明るく過ごすこととはなんの関係もなさそうに思えるのですが…、わたしも最初はそう思っていたんですけど、実は全部つながっていることだったのです。

自分のマイナスの出来事（マイナスのパワー）に勝るプラスのパワーを心の中に持つと、それとは直接関係のないマイナスの出来事をプラスがやっつけるということを理解

アレ!?
ホレッ
ホレッ
これは
ラク〜
ラッキー!!

する、これが一番のポイントです。

心配しないほうがうまくいく理由

プラスのパワーは自分の悩みを解決してくれるのですが、いくらプラスのパワーを増やす行いをしていても、それと同じ量のマイナスが心の中を占めていたら、なんの意味もありません。

マイナスになる要素にはいろいろあって、文句、愚痴、悪口、ねたみ、そねみ、などが日常的なものです。

悪口や人のことをねたむ気持ちは、だれもが「よくないこと」だと知っていますが、意外とマイナス要素と自覚されていないのは、人の心の中にある「心配」や「不安」の気持ちです。「心配」や「不安」は、どんな人の心にも生まれるものです。

例えば、困ったことや解決しなくてはならないトラブルが起きれば、だれでも心配したり、漠然と不安になりますよね。なんとかしようと策を練ったり、一日中それが気になったり、解決策が見つかるまでずっと考え続けてしまうこともあります。

「解決するために考える、うまく解決するだろうかと心配する」

実は、これは問題解決からどんどん遠のいているのです。

それどころか全く逆効果です。心の中にマイナスを増やして、明るい気持ちから遠ざけているだけなのですから。

「心配」というのは、悪いほうへ悪いほうへ考えてしまうもので、明るく建設的に考えるものではありませんよね。

心配すればするほど、「ああなったらどうしよう、こうなっちゃったらいやだなあ」と、次々に新しい不安が生まれやすくなります。**まだ起きてもいないことを勝手に心配するほど、意味のないことはありません。**

自分で自分を不安にしているだけで、大きなマイナスのパワーです。自分の心配する心が、新たな心配事をつくり出しているのです。

家族に「あなたは心臓が悪いらしいわよ」と言われたら、「どうしよう…」と考え込みます。本当は、心臓なんて悪くなくても、心臓が悪いということを考えていれば、実際に心臓が悪いのと同じ気持ちで生活することになります。今現在トラブルがなくても、起こったことを想像して心配していたら、トラブルを抱えて生活しているのと同じです。

「心配」や「不安」は、どう考えても気分のよくなるものではありません。心配してうれしくなる人なんていませんよね。だから大きなマイナスのパワーなのです。**いつも心配して暮らしている人は、いつも心の中をマイナスでいっぱいにして暮らしていることになります。**

マイナスはプラスのパワーの妨げになるので、余計な心配や不安は頭から追い出すことです。このマイナスのパワーが、いかにマイナスに働くかは、順を追って書いていきます。

考えても解決しない時は考えるのをやめる

心配することはマイナスのパワーなのでよくないとはわかっていても、起きたトラブルを明るくプラスに捉《とら》えることは難しいことです。

いくら考えても解決しそうになくて心配してしまう（どんどんマイナスのパワーをつくる）。それなら考えるのをやめるべきなのです。

考えれば考えるほど不安になって心配するなら、やめたほうがずっといい。心から心配を追い出してすっきりさせて、マイナスのパワーをなくしてしまうべきです。

これは決して、解決すべき問題をほうり出しておくということではありません。あとは人に任せるとか、逃げ出すということでもありません。考え方の問題なのです。

その時、自分にできる最善の努力をして、もうこれ以上しようがない、というところまできたら、余計な心配をしだす前に頭から出してしまう、という意味です。いらないマイナス要素が心に増えていく前にやめよう、ということです。

起きてしまった事実はもう変えようがありません。先まわりの余計な心配で自分が不安になるならば、考えるのをやめたほうがずっといいですよね。


「不安になることは考えない」。これも一つのプラス思考だと思います。

プラスのパワーをたくさんためて、自分の悩みをやっつけよう

- **その時できることをやったら考えるのをやめる。**
- **余計な心配はしない。**
- **プラスのパワーを増やすために行いをよくする。**

この三つを実行すると、プラスがマイナスを上回って、自分に起きたトラブルや抱えていた悩みが自然と解決します。

一年前の今頃、「もう自分ではどうすればいいかわからない」ということがわたしに起こりました。

今自分にできることは一とおりやったからもういい、とわかっていたのですが、ふと気付くとそのことばかり心配している…。どうなるか不安で、それぱっかり考えている日が続きました。

で、「考えてもどうすればいいかわからないんだから、考えるのやめよう」と、一時ほうっておくことにしたのです。頭から出したんですよね。

でも自分の心の中で、「これって逃げじゃないかなあ?」みたいな変な後ろめたさが残っていたので、それに言い訳をするかのように、別の方面で行いをよくしたのです。

身近の人に親切にするとか、母の夕食の支度を手伝うとか、言われる前に部屋を掃除するとか、お年寄りには席を譲るとか、もうとにかく思いつくこといろいろ。

今思えば、このプラスのパワーが本当にうまく働くのかどうか、試そうとしていたんですよね。

しばらくそういう生活を続けていたら、そのややこしい問題にちょっとしたどんでん返しがあって、自然と解決してしまったのです。本当に面倒くさくてどうにも解決しなさそうなことだったのに、わたしは全く巻き込まれずに、知らない間にまわりが解決してくれた、っていう感じ。

「え！　本当に？　こんなことってあるの？」と思いました。なんだか見えない力が働いてる…、と鳥肌が立ったのをよく覚えています。

これは、例えばお婆さんに席を譲ったら、実はそのお婆さんが悩んでいたことに関係のある人で…、というような直接的なことではありません。きっと目に見えない世界で、わたしのプラスのパワーがどんどん溜《た》まってきて、マイナスの問題をやっつけてくれたんだろうと思います。

目に見えないからどういう仕組みになっているかはっきり定義はできませんが、悩んでいる問題とは直接関係ないように思えるプラスの行いが問題を解決してくれる、というのは本当です。これこそ「日頃の行いがいいからね」だと思います。

このような経験は、小さなことまで入れれば数えきれないくらいありました。

だから、困ったこと、解決しなくてはならないことが起こった時は、いつまでもゴチャゴチャ悩む必要はないのです。

一度考えて、自分でできることをしたら、頭からすっきりと追い出して、身のまわりで行いをよくする、つまり、心の中をプラスのパワーでいっぱいにしさえすればいい。

これがわかりだしたら、一気に楽になりました。

だってこの方法は、楽ですよね。そのとき対処できることをしてしまったら、もう全部忘れていいんです。それで、関係ない分野で楽しく明るく努力していれば、いつの間にかうまい具合にことが運んで、トラブルが解決するのです。

その問題自体をあれこれ考えるのは気が重いけど、違う分野でなら、憂うつにならずに頑張れます。

解決しない問題は考えなくていい、こんな楽な解決方法は他にありません。

小さなことに文句を言わないほうがいい理由

プラスのパワーのつくり方の例を、先ほどいくつか挙げましたが、積極的によい行いをするというのは、思っていてもなかなか実践できないかもしれません。

行動を起こさずに、自分の気持ちの持ち方だけでプラスのパワーをつくる方法があります。それは、**身のまわりに起こる小さなことにいちいち腹を立てないようにする**ことです。

「腹を立てる」というのは気分が悪くなること、つまり心を一気にマイナスにすることです。腹を立てながらうれしくなる人はいません。文句を言うと気分が暗くなるので、文句を言わないで過ごすだけで、プラスのパワーが増えることになります。

例えば、乗っていた電車が事故に遭って足止めをくらったとしますよね。

「人の迷惑も考えてよ～、なんでこの電車に乗っちゃったんだろう？　朝からほんとに運が悪い」とイライラする人がいます。

イライラして動き出すのを待って、かかってきた携帯にも機嫌悪そうに返事をして、ちょっと肩がぶつかった人に対しても腹立たしくなり、朝から不機嫌になります。マイナスばかり溜まっていきます。

一方、「起こってしまったことは、まあ、しょうがないか」と受けとめる人もいます。

電車が動くまでの間、読みかけの本を読んでみたり、まわりを見渡して電車の中吊りを眺めたりするでしょう。普段見ていない中吊りの広告に、何か面白い記事を発見することもあるかもしれません。この人にとっては、自分が原因で遅れたわけではないし、仕方ないことなので、特別イライラすることもなくいつもどおりの一日が始まります。

起こったことに対しての、捉《とら》え方の違いです。

いやなことに対して、強がってへっちゃらなふりをすることではありません。自分が事前に防ぐことのできなかったハプニングは、起きてしまった以上仕方ないので、「信じられない、なんでこうなるの？　運が悪い」と現状に対してゴチャゴチャ言わず、「まあ、仕方ない、これもいいかな」と捉えること。

このほうがずっと楽しいですよね。気分がよくなる方向に考えることです。「マイナスの思考をなくそう」と頑張って思うのではなく、「そのほうが楽しいんだ」ということに気付くべきなのです。自分が楽しく感じるように過ごすのです。こうすれば、知らない間にプラスがたまっていきます。

自分のミスではないちょっとしたハプニングは、自分の心の持ちようでいくらでも変わります。

・電車が遅れたら、読みかけの本が読める。

・車で渋滞に巻き込まれたら、好きな音楽がたくさん聞ける。
・他の車にぶつけられたら、事故処理の流れを知るチャンス。
・買おうと思っていた洋服が売れてしまっていたら、もっといい物を見つけられる。
・食べたいケーキが品切れだったら、ダイエットできる。
・楽しみにしていた約束が延期になったら、楽しみが倍増されたと考える。
・雨ばかりで憂うつだったら、新しい傘を買ってみる。
・はた迷惑な人に出会ったら、自分はあんなことしてなくてよかった、とうれしくなる。

こういう捉え方で生活していると、自分がいやだと感じることが、日常生活であまり起こらなくなってきます。「いやだ」と感じる受け皿が小さくなっていくから、毎日が楽になるのです（もちろん、自分が注意すれば防げることは別ですよ）。

以前だったらイライラしていたことを、プラス思考で捉えるようにしただけで心が明るくなり、マイナスが減っていきます。ということは、自分の悩みが解決されやすくなるのです。

「日々起こる小さなハプニングを大げさに受けとめない」、これも一つのプラス思考で、プラスのパワーを増やすコツです。

悪い想像をするだけで、うまくいっているものもダメになる

自分に起こったちょっとしたことを大げさに捉えて悪く勘ぐっていると、うまくいっているものまでダメになる、これを、だれにでもある日常的なことを例にして考えてみます。

例えば自分の付き合っている人から、ご飯を食べる約束の日にキャンセルの電話がかかってきたとします、「仕事が終わらないから…」って。

「楽しみにしてたのに〜、当日になってキャンセルなんて…。最近前より冷たくなった気がするけど、なんか怒らせるようなこと言ったっけ？　今日だって、本当に仕事が忙しいのかあやしい…。どうしよう〜」

こういう風に考える女の子って、わりといますよね。

この手の心配をしだすと、ズルズルとはまり込んで抜け出せなくなります。一人じゃどうしようもなく不安になって、友だちに相談したりします。

します。

「最近、彼とうまくいってないの…」とかなんとか…。不安で心をいっぱいにして過ご

この話がまわりまわって、だれかの口から彼本人の耳に入るとします。すると、

「なに？　うまくいってない気がするって、僕と別れたいの？」

とかいうややこしいことになります。

でもね、その日、彼が本当に仕事が忙しいだけだったらどうするんでしょう？

悪い想像を頭の中でこねくり回していたから、それと同じ状況がやってきたのです。

「仕事が終わらないいんだよ」

「そうなんだ〜、残念。じゃあ、また次の機会に」

と、相手の言っていることをそのまま受けとめていれば、悪いことなんか起こるはずもありません。

怒らずサラッと納得してくれた彼女に対して、彼のほうにだって「ああ、悪かったな」という気持ちが芽生えるはずです。それを電話口でギャンギャン言っても状況は何も変わらないし、むしろ「なんて心が狭いんだ、僕は働いてるのに」と関係が悪くなる一方かもしれません。

悪い想像をするから、それが現実化してしまったわけです。

悪いことを起こしたくないと思ったら、気軽に悪い状況を想像しないことです。

第2章

とにかく、理想は現実になると信じること

Believe That Your Ideal Is To Be Realised.

理想を夢で終わらせるか、現実にするか

自分の人生は自分の「心」「意識」がつくっていくものだと思います。

「絶対こうなる、自分の人生はこういうものにする」と自分が決めれば、現実化するのです。

だいたい、自分の人生を自分以外のだれが決めるのでしょう?

「運命」でしょうか?

だとしたら、その「運命」さえも自分の心がつくり出しているものです。

だって、この世の中にある自然以外の物は、ほとんど人間がつくり出した物ですよね。

「ああいう物がこの世にあればいいのになあ」という思いの繰り返しが、新製品を発明してきたわけです。世の中にある電化製品や、その他のさまざまな物の最初は、すべて人間の「こうだといいのになあ」から始まったわけです。新幹線も、携帯電話も、壁掛けテレビも、だれかが「こういう物があったら便利だから、つくってみよう」という理

想を心に持たなかったら生まれなかったことです。

ほとんどの物は人間の心がつくり出しているのですから、まして自分の人生が自分の心でつくれないわけがありません。

達成したい目標や、なりたい理想の状況は、だれにでもあるはずです。今現在、それに向かって突き進んでいない人でも、ふと考えてみれば、「できればこうなりたい、こういうことをしてみたい」というものが必ずあるはずです。

「事業を成功させたい」「人として、こういうことをしてみたい」というようなものでも、自分が理想と思える状況と姿であればなんでもいいはずです（もちろん、道徳的に間違っている理想、例えばだれかに仕返しをしたいとか、他人の不幸を望むようなことはだめですが）。

でも、「理想は理想であって、現実とはかけ離れているから理想なんだ」と思っている人が多くないでしょうか？　「かなわない究極の状況」「夢」と考えている人が多いと思います。

「理想」を辞書で引いてみると、「願わしい条件をことごとく完全に具備させた状態。従ってまた、意思と努力との究極の目標として観念的に構成されたもの」（広辞苑）とあります。

自分の理想について話す時、人は「これは理想だから無理なんだけどね」とか「それは理想でしょ」というニュアンスで話しますよね。「理想だけは高くもったほうがいい」なんていうのも、まるで、最初からあきらめているかのような感じがします。

でも「理想」というのは、そんな消極的な希望ではありません。ずっと追い続けて、いつか達成したい目標です。

いくら「観念的」と定義されていても、「考え得る最も完全なもの、最善の目的」であるのですから、かなわない遠い「夢」ではないのです。「人が考え得る」なんですから、人にできないわけがありません。自分が設定するのに最高に素晴らしい「目標」で、意思と努力によって必ず実現するもののはずです。

「理想は実現できるもの」と思うか、「理想は最高に素敵な夢物語」と思うかが、現実化するかしないかの分かれ目だと思います。

理想に対しての意識の違いです。

実現するかしないかは、自分の心が決めているのです。

それになによりも、「自分の心が楽しくなることをやろう」がわたしのモットーなので、「理想は絶対、現実になる」という考え方は、自分を楽しくするのです。「理想を実現させるために頑張ろう」と自分を奮い立たせるのではなくて、「自分の心が楽しくなることに向かって進もう」というものです。

誰だって、理想が現実になったらうれしいですよね。

「こうなったらどんなにうれしいだろう」というような、ただうっとりするための空想だと、そこから覚めたときに現実と比べてしまいますが、それが本当になるとしたら、うれしくなって元気が出てきます。理想が現実になるという確信があれば、やる気もわきます。

だから、必ず実現するというしっかりとした明確な理想が心にある人は、毎日がきっと楽しいと思います。

なりたい自分の姿を思い描く

理想を現実化したいと思ったら、自分のなりたい理想の状況を常に思い描くことです。

たいていの人は、自分の理想をほんのときたま思い出すだけだから「理想」＝「夢」

で終わってしまうのです。たまに思い描いてうっとりするだけだから、それに向かって積極的に行動を起こす気にもなれないのです。

理想への思いを継続させていれば、「夢」でなくなるはずです。

昔の人から見たら、実現不可能だったようなすごい物がどんどんつくられて、今わたしたちが当たり前に使っていることも、つくろうと思った人たちが、その思いをずっと継続させていたから、実現してしまったわけですよね。「夢」だったはずの物が、現実に現われたのです。

だから、いつも思い描くことです。

常に思い続けていると、その「思い」がその人のパターンになって、さらに「型」になります。絶対こうなる、という枠組みができあがるのです。そして、その「型」にプラスのパワーが加わると、形となって現実になります。

例えば、粘土の人形をつくるところを考えてください。初めに、「人形をつくりたい」という人の心があって人形の「型」ができます。でも「型」だけでは「形」にはなりません。そこにパワー（この場合は粘土）が入って、人形の形になるのです。

まず、自分のなりたい姿をはっきりと思い描く、それを毎日続けて固定させてしまうことです。そこに「プラスのパワー」が入ると実現します。プラスのパワーは第一章でお話しした要領で、毎日つくることができます。

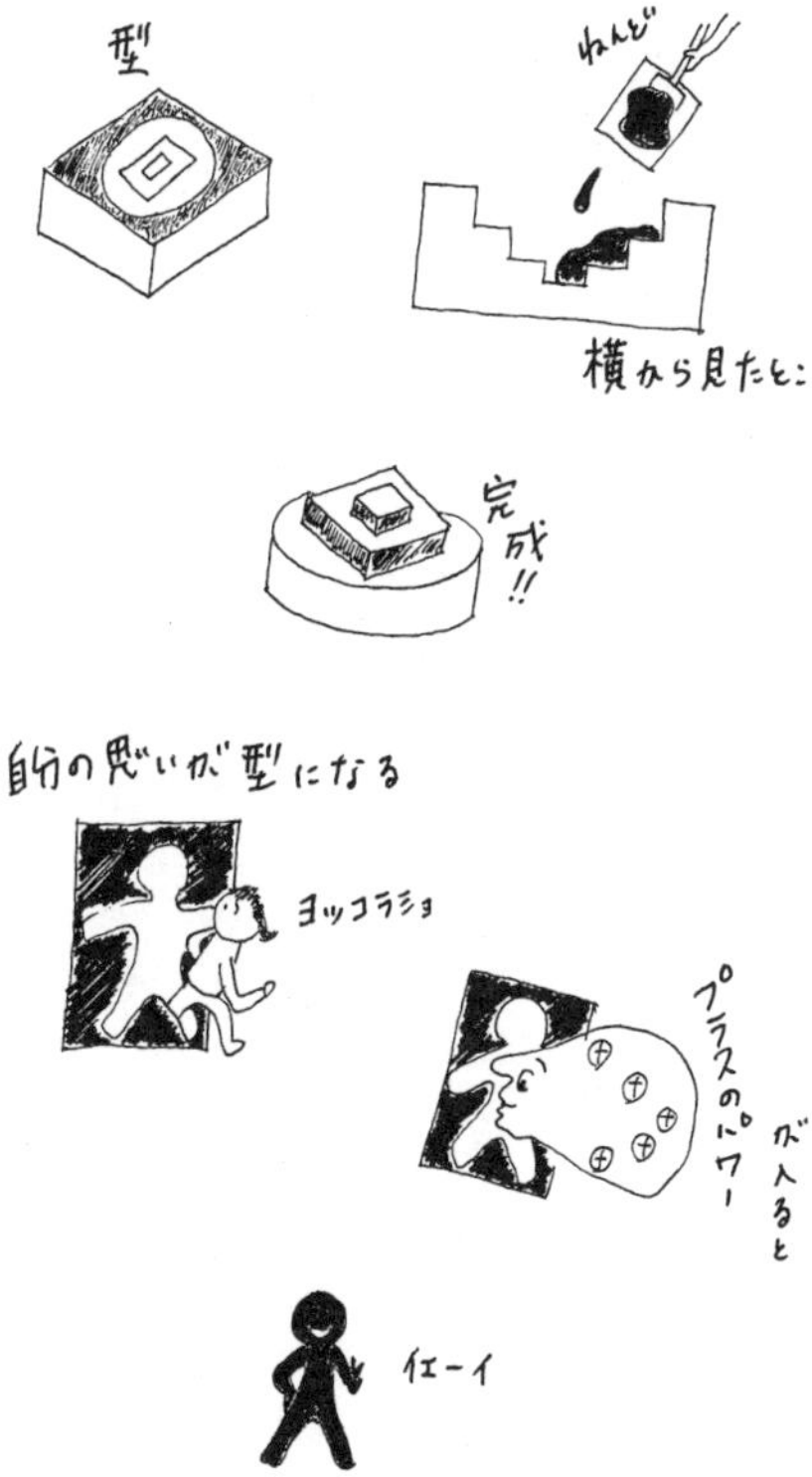

思い描き方のコツ

自分の理想の状況ははっきり定まっていても、その姿を思い描くことは漠然としていてなかなか実感がわかないと思います。だって現実のことではないわけですから、その中にいる自分というのは思い描きにくいですよね。

うまくいかせたいことに不安はつきものですから、理想を思い描いているうちに心配や不安などのマイナスパワーが顔を出すことも多いはずです。「マイナスのパワーはなにをするにも邪魔になるから、心や頭から追い出さなければいけない、そのためには根拠のない余計な心配はしない」と頭ではわかっていても、できない。

このままでいくと、「理想」を思い描こうとしていたのに、いつのまにかわきあがった余計な不安まで「型」に入ってしまうので、逆効果です。

これは、思い描く画像がいまいちはっきりとしていないからです。うすぼんやりしているから、不安が入り込んでくるのです。自分でも、もう疑いようがないほどに強くはっきりと思い描くのです。

例えば、受験に向かって勉強していたとします。

結果を考えてしまったら不安になるだけですから、そこに自分の理想の状況、つまり合格した自分の姿を思い描いて勉強しなくてはいけません。

だれだって、受かりたいと思いながら勉強しているに決まっているのですが、この思い描き方がポイントです。

「受かればいいなあ」なんていう曖昧《あいまい》なものではなく、もうその学校に通っている自分の姿をイメージとして、鮮やかに思い描かなければなりません。その学校の制服を着て、友だちができて、楽しそうに学校生活をおくっている自分の姿です。入学した自分になりきるのです。具体的であればあるほど、自分の中で現実感が増していきます。

「あの学校に入るっ」と思い描いている人にはそういう「型」ができ、そこにプラスのパワーと勉強が加わると、当然「そこに受かった自分」という状況が現実としてやってきます。

もうすっかりその学校に入った自分をイメージしてなりきっている人と、「もしダメだったらどうしよう」と不安になっている人とでは、天と地ほどの差が形となって現われます。

前者は迷いなく勉強にうち込むことができますし、後者のように根拠のない不安で頭を悩ますこともないでしょう。同じ内容の同じ量の勉強をしても、プラスのパワーの力の差があるので、結果が違うはずです。

「入れるといいなあ～」ではだめなんです。これはただの想像や希望の世界だから、自分でも「もしかしたらダメかな…」という思いが心のどこかにあるんですよね。こういう人には、「入れるといいなあ」という「型」ができますから、それに見合う、指をくわえている状況しか引き寄せられません。

よくない想像のほうが現実になることが多いように感じられますが、それは、「心配」というのは力（マイナスパワー）が強いからだと思います。よい方向に考えようとするのは、一生懸命そっちの方向へ心を持っていこうとしているわけですが、「心配」というのは無意識に心の中にあるものだから、思いも自然と強くなっているんですよね。

だから、「絶対あの学校に入って、入学したらあれをしよう」ぐらいまで、確固とした自分の姿をイメージすることが大切です。その思い、意識が、その人の「型」となります。この「型」ができてしまえばしめたものです。

自分の「型」ができたな、とどうやって判断するかというと、望みがかなった自分の姿を初めは頑張って想像していたのが、そのうち苦もなく自然に思い描けるようになって、さらに、そうなるのが当然のように感じるようになってきた、この時です。こういう気持ちになった時、もうその「型」はできあがっています。すっかりそのつもりで、落ちた時のことなんて考えられない、という気分になる時です。

もちろん、「型」をつくっただけでは入れません。毎日思い描いてぼんやりしているだけで、受かるわけがありませんよね。

だから、あとは「プラスのパワー」をつくるようにすればいいのです。

プラス志向で日々暮らし、まわりの人に対していやな気持ちを持たないこと、優しくすること、目の前にあることに一生懸命取り組むこと、なにより明るい気持ちで過ごすことです。そうしていると、「ふと気付いたら現実になっていた」という状況が必ずやってきます。

「思い描く」＋「プラスのパワー」で実現したこといろいろ

今年の二月、わたしがロンドンに留学していた時の日記が本になりました。

わたしは作家を目指していたわけではありませんでしたが、本が出版されるまでの過程がとても面白くて楽しかったので、終わりの頃にはまた書いてみたいなあ、と思うようになりました。

そこで「思いが形になる」の方法で、自分が二冊目を出して喜んでいる姿を毎日思い描くことにしたのです。

これを繰り返していると、不思議なことに、自分でもすっかり二冊目を出す予定があるかのように思えてきました。

それで、当時そんなオファーはなかったのですが、勝手に次の作品を書き出したのです。プラスのパワーを増やすように注意しながら、次の本が必ず出ると思い続けていました。

わたしは、イギリスで学んできたインテリアの技術で、椅子の張り替えやカバー、カーテンやベッドリネンなどをつくる仕事もしているのですが、それから一か月ぐらいたった頃、ある会社の会議室の椅子の張り替えを頼まれました。当時のわたしの「プラスのパワーを増やす努力」の一つは、目の前にあることに全力を尽くすことだったので一生懸命やっていましたら、気付けばその会社は出版社で、いつの間にか次の本を書くことになっていたのです。自分でも、何がどうしてこうなったのかわからないほど、あっという間のことでした。

自分の理想をはっきりと毎日思い描いて「型」をつくる、それにプラスのパワーが合わさると実現するということが短期間で立証されて、「あらら〜、ほんとになっちゃった」と思いました。

目標に向かって努力するのは当たり前のことだし、みなさんそれぞれしていますよね。その努力、プラス、そうなった時の自分をいつも心で思い描いて自分の「型」を作ってしまうこと、目標が成就した自分になりきること、心の中をプラスのパワーでいっぱいにすること、この三つを実践すると、より早く実現するはずです。

とにかく、理想は現実になると信じて思い込むことです。

信じきれないのは、思うことが現実化するという確信がないからです。一度、小さなことでも体験すると、確信が持てるはずです。「思い描かなくちゃ損だな」という気分にまでなるはずです。

理想を声に出す、文字にする

理想を実現させるのに効果的な方法をもう一つ。

よい結果を声に出したり、文字にして書くことです。

頭や心の中だけで信じ込むことができればベストなのですが、人の心というのは弱いものです。よい結果を思い描いても、ついつい膨れ上がってくる不安や心配に負けそうになるし、思わず「うまくいかないかも…」と考えてしまいます。

言葉にしたり、書いたりして、視覚や聴覚にうったえると、頭の中だけで考えているよりずっと自分にしみ込んでくるのです。しなくてはいけないことを、忘れないようにメモするのと同じことです。

例えば、毎晩寝る前に、自分のこうなりたいと思うことを紙に書いてみてください。一〇回でも二〇回でも「なんだか本当になりそうな気がしてきた」と自分が思えるまで書くのです。絶対うまくいく、と安心するまでです。この安心感が大事なのです。

その日によって、今日は五回で安心した、今日は三〇回書いても落ち着かない、という違いがあると思いますが、これを毎日続けていきます。

そのうち、うまくいくのがすっかり当たり前のような気がしてくるのです。「なんだかわからないけど、うまくいきそうな気がしてきた」というのは、自分の気持ちの問題なので、「うまくいきそう→うまくいく」という「型」ができあがります。しかも、大丈夫だ、という安心感が生まれるから、余計な心配をせずに努力できるようになります。

別に夜じゃなくてもいいのですが、夜は一日の終了の時間で、まわりも静かで集中して思うことができるので、わたしはそうしているだけです。

よい結果を自分が信じ込めるやり方であれば、方法はなんでもかまいません。**大事なのは、よい結果を繰り返し書いたり言ったりすることで、自分が安心して、それを信じ込むことなのです。**

わたしの友だちは、夜は仕事から戻ると疲れてバタンキュウだし、朝も頭がボーッとしているうえにあわただしい。そこで、車を運転している一人きりの時に、自分の望みを大きな声でガンガン叫んで信じ込むそうです。自分がその気になる方法だったら、なんでも、いつでもいいのだと思います。

この方法はどんな分野のことに対しても、その望みの大小にかかわらず本当に効果があります。うそだと思ったら今日からやってみてください。

大きなことから始めると、なかなか実現しないように感じて信じ込めないかもしれないので、小さな望みから試すといいと思います。

まずは、この力が本当だということを体験してください。

絶対にうまくいく、と思い込む

声に出して信じ込む方法は、思わず浮かんでしまった心配をかき消そうとする時にも効果的です。

よい結果を思い描くようにしていても、心配のあまりつい余計な心配をしてしまう、そんな時、わたしはおなかの辺りにグッと力をこめて「大丈夫っ。絶対うまくいく」と声に出して繰り返します。

思わずマイナスを考えてしまった時は、「今のはわたしの本心じゃない、ちょっと心配しちゃっただけよね」と言って、マイナスを考えたことを打ち消しておきます。

これも、気持ちが落ち着くまで何度でも繰り返すとよいと思います。

初めはなんだか力も入らないし、本気になれなくて気に入らないなあという感じなのですが、何度も繰り返していると、不思議と力がみなぎってくるのを感じるようになります。

これがパワーだと思います。

これがパワーだ、エネルギーだ、と思えるかどうか、ということが大切だと思います。

言葉にして「大丈夫だ」と思うと、なぜだかフッと大丈夫な気がしてきて、安心するのです。「さっきまでなんで不安だったんだろう?」という気持ちになります。

そして驚くことに、一流企業の社長や芸術家、スポーツ選手、世界のトップクラスの方たちの中には、知らない間にこの方法を生活の中にとり入れている人がとても多いのです。

「毎朝起きた時に、太陽に向かって自分の望みを大声で叫ぶ」
「一瞬でもマイナスのことを考えたら、心の中で取り消しておく」
「何かが起こったら、丹田《たんでん》(おへそのあたり)に力を込める」
「今の自分の成功は、何も不安を考えずひたすら前を見て努力してきた結果」

など、方法や表現は人それぞれですが、みなさん言いたいことは同じだと思います。

スポーツ選手がイメージトレーニングをするのも、自分のうまくいく姿を心の中で思い描いて信じる効果を利用するのですから、同じことです。

成功している人というのは、知らず知らずのうちにプラスのパワーで動いてきた人た

ちです。意識していなくても、まわりに対して行いがよく、自分はできると信じて努力したからこそ成功しているわけです。物事が次々とうまく運ぶのも、一瞬でもマイナスを考えずに明るく過ごしている人たちだから起こること、不公平でもなんでもないですよね。

名の知れたすごい人たちも、自分の目標を言ったり書いたりしているなんて、これをやらない手はありません。

とにかく、自分の願いや目標を声に出して、字に書いて絶対うまくいく、と信じ込むことです。

神様仏様に頼みごとをする意味

「何か困ったことが起こった時は、自分にできる対処をしたらさっぱりと忘れる」

「余計な心配はしないほうがうまくいく」

「理想の状況を自分が安心するまで繰り返して言う」

この効果を経験していて、思うことがあります。

よく、神社、仏閣に願をかける人がいますよね。普段は神様や仏様の存在を信じていない人でも、せっぱ詰まった状況になると手を合わせてお願いする人がいます。都合のよい時だけお願いをして、日常生活でマイナスの行いをしていても決してかなうはずはないのですが、困った時の神頼みと自分でわかっていても、思わずお願いしてしまう人がいるはずです。

あれはなぜでしょうか？

信じていない人がしてもしょうがないと思うのですが…。

多分、お願いしたことによって生まれる安心感を求めているのだと思います。「神様にまですがって、できるだけのことはやったから…」という気持ちになりたいのです。

本来「願をかける」というのは、お願いが成就するかどうかという心配や不安を、神社やお寺にあずけて心の中を空っぽにして、マイナスをなくそうということかもしれないな、と思います。心配をなくして、プラスの行いに打ち込める心の状態をつくることなのです。

都合のいい時だけ神社やお寺に「お願いごと」だけしておいて、自分は悪い行いや考え方をしているままで、願いがかなうでしょうか。

かないませんよね。やっぱり、自分は自分でプラスの行いや考え方をしなくては、かなうわけがない。

だから、心配や不安を取っ払って、目の前のことに専心するために、お参りするのではないでしょうか。「お願いをしたからもう心配しない」。これができるなら、しないよりしたほうがいい。

「自分の一番好きなことをしばらく絶って、願いごとをかなえる」というようなことも、昔から行われています。

それも「これだけやっているんだから、もう大丈夫だろう、絶対うまくいくだろう」と自分の中に安心感（プラス）が生まれるからだと思います。安心すれば、それ以上心配しなくなるじゃないですか。

「ジンクス」や「縁起かつぎ」も、「それをやったからもう安心だ、心配しない」という気持ちになれば意味のあることで、自分のマイナスを追い出すことにつながればいいのです。逆から言うと、「絶対大丈夫だ」という確かな安心感があれば、縁起かつぎもジンクスも必要ないのです。

昔から伝わっていることって、なんでも本当はすごく意味があるのに、だんだん薄れてきていて、形だけ残っているんですね、きっと。

言葉には力(言霊)がある

言葉には魂（言霊《ことだま》）があって、言葉の響きは物事を動かすことができます。

奈良県の春日大社の宮司である葉室頼昭さんが、

「昔から言葉には霊力があるんです。だからいい言葉をいえばしあわせになるし、悪い言葉をいえば不幸がやってくる」（葉室頼昭著「〈神道〉のこころ」より）

と言っています。

言葉には力があって、もともとよいものと悪いものがあるのです。大昔から伝わる祝詞《のりと》（神祭りの際に、斎主が神に対して唱える独特の文体を備えた言葉）とか、祈る時の決まり文句などは、よい響きを持っている言葉なのでしょう。

これらの言葉は、現在の日本語で考えると意味のわからない言葉の羅列だったりすることもありますが、その言葉の持つ「音」に意味があるようです。よくお年寄りが「縁起のよい言葉、悪い言葉」と言うように、もともとよい響きを持つ言葉と悪い響きを持つ言葉があるのです。

言葉に力があるからこそ、縁起のよい言葉、悪い言葉、おまじない、さらには呪文《じゅもん》、というようなものが存在する（していた）のでしょう。

大昔から何百年も伝えられていたように、言葉にはパワーがあるのです。

「明るい言葉を言えば気分が明るくなる」。こう言うと、当然のように感じますが、**明るく楽しい言葉を発すれば、心が明るくなり、プラスのパワーが増えていくということです。**

よい結果を繰り返せばそのとおりに流れていくし、悪い結果を言えば同じように現実化するということです。だから、よい結果を口にするのと同時に、**自分にとって好ましくない結果は口にしないように注意しなければなりません。**

日常生活で、大して意識しないでマイナスの言葉を使っていることって、意外と多いんです。

大学生の時、わたしの所属していたクラブは、滅多なことでは休ませてくれませんでした。

自分の遊びの用事で休むわけではないし、週に何回もある練習をどうしても休まなくてはならない時ってありますよね。でも許されるのは、親戚の冠婚葬祭ぐらいでした。仕方がないので、休むたびに何度いとこたちを勝手に結婚させたことか、一体わたしにはお年頃のいとこが何人いるんだろう？（笑）って感じでした。

で、年に一、二回は「風邪をひいて動けないので…」という手も使ったのですが、不思議と風邪を理由にした時は、その後本当に風邪をひくことに気が付いたのです。

自分で口にしたウソの理由が、本当になっちゃう…。

初めはただの偶然と思っていたのですが、どうもそうではないらしい。「具合が悪い」と言うと、本当に具合が悪くなってきたりするのです。

こういう経験は、他にもたくさんあります。

知人が、何度やってもダイエットが成功できない時に、ポロッと言いました。

「わたしは病気にでもならないと痩《や》せる努力ができないかも…」

そうしたら、その年の人間ドッグの時に糖尿病の疑いがでて、本当に体のためにダイエットしなくてはならなくなりました。

大学で、あるテーマについて、自分の意見を英語で発表するテストがあった時のことです。

「一番難しいテーマにかぎってあたる気がするんだよね～」

「まずい、本当にそうなりそうな気がしてきた…」

なんて話していたら、その考えが止まらなくなってしまい、本当にその中で一番難しいものがわたしにあたってしまったのです。

このようなことが、数え切れないほどありました。

何回も言いますが、わたしは人より敏感とか、その手の力があるわけでは全くありません。だから余計不思議でした。

こうなったら困るなあ、ということは、口にすると本当にその方向へ流れていくようです。

こういう経験って、大なり小なりみなさんにもあるのではないでしょうか。でも、「たまたま偶然…」と片付けていないでしょうか。本当は、自分で言っているから、その状況を引き寄せたのです。

言葉に力があることを知ってからは恐ろしくなって、自分にとってマイナスのことは絶対口にしなくなりました。

よい言葉を言えば幸せに、悪い言葉を言えば不幸せになる

言うだけで縁起のいい言葉やお祈りを毎日唱えて暮らす、というのはちょっと極端だと思いますが、言霊《ことだま》の力は日常生活でもしっかり働いているので、マイナスの響きを持つ言葉は、絶対言ってはいけないと思います。

わたしの祖母（九十四歳）から聞いた話ですが、昔の人は縁起の悪い言葉を言ってしまった後は、「つるかめ、つるかめ…」と縁起のいい言葉を唱えてかき消したそうです。迷信と捉《とら》えてしまえばそれまでですが、そんな言い伝えがあるということこそ、言葉がパワーを持っている証拠だと思います。

注意して聞いていると、日常生活の中で意識せずに何気なくマイナスの言葉を使っている人がいかに多いことか。実現したら困るだろうな、と思う言葉がポンポン飛び出してきます。

マイナスの言葉というのは、「殺したいほどむかつく」「ぶっ殺してやる」「憎くてしょうがない」「いなくなればいいのに」というような類《たぐい》の言葉だけではありません。こ

のような言葉はよいわけがない、ということはみんな知っていますし、これほどまでに強い言葉を毎日言っている人は、さすがに少ないと思います。

わたしがここで言っているのは、もっと日常的なもの、特に自分に対して使っているマイナスの言葉です。

「わたしって、全然ダメだから…」

「自信ないし、本番に弱いし、あがり性だし」

「うまくいくかどうかわからない」

「うまくいかなかったらどうしよう」

「わたしってそういう時、必ず邪魔が入るのよね」

「最近運が悪いからなあ」

はては、

「○○はいいなあ、うらやましいなあ」

「もともとが違いすぎるのよ」

と、人のことをうらやむ気持ちまで声に出す。言葉の威力を知らないから、気軽に言えてしまうのです。

こんなマイナスのことを言っていたら、それにふさわしい現実が訪れます。

その人の思いの「型」ができあがってしまいます。

自分に対してこのようなマイナスのことを心底思っているとしたら、それこそいらぬ心配だし、謙遜《けんそん》で言っているのだとしたら、大きな勘違いです。ちょっとでも悪いことを言ったら、かなえようと努力していることが全部水の泡、ぐらいに考えるべきです。

相手にもよい影響を与えません。思い悩んでいる友だちを見ていい気分になる人などいるでしょうか？

わたしの知り合いで、人がどのような気持ちでいるかを色で感じる人がいます。

よい気分で心が明るいと、パーッとピンクや明るい色を放つように見えて、不安で心をいっぱいにしていたり、いやなことを考えている人はダークな色に見えるそうです。

心の状態だけでなく、悪い言葉や、自分や他人をおどしたり悪く言ったりする言葉には、それ自体がいやな色を持っているそうです。

そして致命的なのは、彼女自身、人の悪口を言ったりマイナスの言葉を使うと、体がズーンと締め付けられるのだそうです。

すごいですよね。本来、言葉や人の心というのは、人体に影響を与えることができる

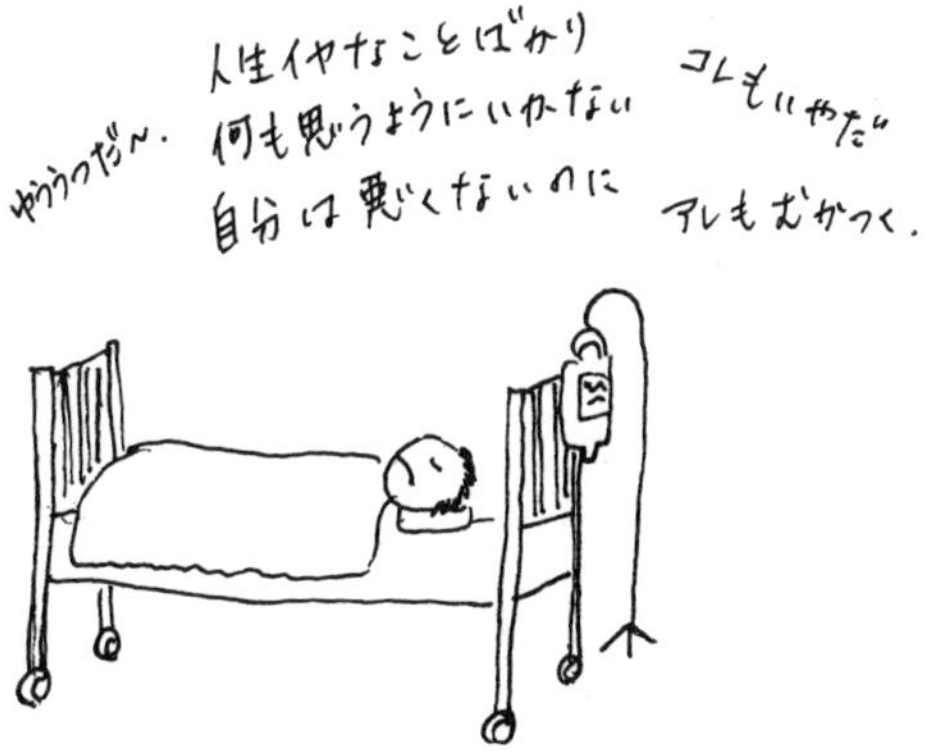

マイナスのことばかり言ってる人は
病気になりやすい

ぐらいの影響力を持っているのです。

だから、**マイナスの言葉は絶対口にしてはいけないし、思ってもいけない。大して心をこめてなくても、ポロっと口にするだけでもいけません。**

これを、もっと重大なこととして受け止めるべきです。

自分の出す言葉に色がついていて、その影響力がはっきり目に見えたら、みんな恐ろしくなって、絶対にマイナスの言葉を言わなくなるでしょう。

逆にプラスの言葉はどんどん使うべきです。

「毎日楽しいね」「絶対うまくいくよ」「こういうふうになれたらうれしい」などなど。うそをつくわけでも、オーバーに言うわけでもありません。

口にしたことで、その人にふさわしい境遇を引き付けることになるのです。

本当になったら困ることは、冗談でも言わない

友だちみんなでご飯を食べていた時のことです。一人が転職を考えていて、転職活動をしていました。

「どう？　転職活動の調子は」

「来週、第一志望のA社の面接を受けるんだけど、別に第二志望のB社でもC社でもいいの。B社もC社も充分待遇いいしね、それで満足」

わたしは彼女がいかに第一志望に入りたがっているかをよく知っていたので、二人になってから「本当に第二、第三志望の会社でも満足なの？」と、聞きました。

そうしたらケロリとして言うのです。

「そりゃあ、A社がいいに決まってるよ〜。でも自信満々で落ちたらみっともないしね」

「本心でそう思っているんじゃないなら、あんなこと言わないほうがいいわよ。本当になっちゃうかもよ」

わたしは言いました。

しばらくたって、彼女は本当に第二志望のB社しか受かりませんでした。

何か自分のかなえたいことがある時、その計画をべらべら人にしゃべる人はいないと思います。人にひけらかすことではないし、達成してから言おうとするものです。

ただ、黙っているのはいいとしても、この人のように失敗した時の予防線を張っておく人がよくいますが、本当にそうなってほしいと思っているのでなければ、心にもないことは言うべきではありません。言葉の力を甘く考えているのです。**言葉には、自分にそうと思い込ませるだけでなく、物事をその方向に向かわせる力があります。**ですから何度も繰り返しますけど、自分にとってマイナスのことは冗談でも気軽に言ってはいけないのです。思いが形になるのと同じように、口に出した言葉が形になっていくからです。

ほめられたら否定しない

自分で話す言葉だけではなく、人から言われる言葉も同じです。よいことを言われればうれしくなり、いやなことを言われたら暗くなりますよね。うれしくなることはプラスのパワーが増えるので、**よいことを言われた時は、それを否定してはいけません。**

例えばほめられた時です。日本人は謙遜《けんそん》が美徳とされているので、ほめられると「いいえ、そんなことないです。自分なんてとてもとても…」「わたしなんて全くダメで…」

などなど、恐縮する人が多いですよね。

　こんな時は、その言葉をありがたく自分のものにして、決して否定しないことです。否定してしまうのは自分にとってマイナスだからです。いいことを言われているのですから、わざわざ自分で否定することないですよね。「ありがとう、うれしい」と素直に受け止めるべきです。

　また、「将来、あなたならきっと、こうなるかもよ」というような自分にとってうれしいことを冗談交じりに言われた時も、「そんなことわたしには無理よ～」と言う必要は、ないと思います。「そうなれたらうれしいよね」と答えるべきです。

　本当に自分には不可能で、たとえなれてもそうなる必要はないと思っているならいいのですが、できればそうなりたいという思いが少しでもあるならば、わざわざ否定することはありません。言葉には、それを形にする力があるからです。

　心の中で自分の理想を思い描いて「型」をつくって、それを言葉に出していると、まわりからも「あの人はいずれああなるんだな」と思われだします。

　まわりからこのような考えが集まると、人の思いもパワーとなって自分の「型」がますます強く固まっていきます。自分とまわりの人の言葉や思いの力によって、理想が実現する方向に流れやすくなります。だから、「こうなるかもよ」という流れの考えを、自分のほうからさえぎることはありません。

TPOを考えたある程度の謙遜は、日本では必要ですが、相手が本気でほめてくれる時、それをありがたくいただいて、自分のプラスのパワーにするべきです。

ほめて育てる

最近「ほめて育てる」という言葉をよく耳にします。

小さな子供がなにかいけないことをした時、「なにやってるの、馬鹿ねえ」「頭悪いんだから」「あなたはそそっかしいんだから、気をつけて」と叱っているお母さんを、外で見たことはありませんか。

これは、言霊《ことだま》の力を意識していない人です。

こんなことを言って育てていたら、そんな言葉が子供にインプットされて、「わたしは頭が悪いんだな、そそっかしいんだな」と思い始めます。言葉の意味がわかる年ではなくても、マイナスのものを自分の子供に浴びせかけていることに変わりはありません。

もちろん子供にインプットされるだけでなく、言葉のパワーで形になっていきます。

親がヒステリックになって子供を叱る時、「子供のためを思って」「しつけの一つ」と言っているのを聞きますが、あれは結局、自分のイライラを子供にぶつけているだけですよね。

言霊の力を知っていたら、感情だけで「馬鹿」とか「だめな子ねえ」なんて気軽に言えなくなるはずなのです。

「よくできるわねえ、いい子ねえ」と言えば、本人もやる気が出るし、それがインプットされていきます。

最近よく耳にする「ほめて育てる」教育です。

ある小学校の先生が、「最近の親は、子供に先へ先へと教えてしまう、本人が本当に好きなことを何でもいいからやらせてほしいのに…」と話していました。

例えば、子供が外で石を集めてきたり、電車が好きでずっと眺めている時、その子が本当にそれが好きだったら、きっと一生懸命やるでしょう。すると「○○ちゃんは石の名人、電車の名人なんだよ」と言われるようになったりして、本人も自信を持ち、まわりの子もそれを認めるようになります。その成長期の自信は、その子の性格の成長にきっと役に立つはずです。

まわりの友だちや大人からほめられたり認められたりする言葉は、言霊《ことだま》となって、ますますその子の意識の中に入り、「他の子より優れた部分を自分は持っている」という「型」になっていくでしょう。その子へのまわりからの見方が、その子をもり立てていくはずです。

ちょっとほめただけの言葉に、こんなにパワーがあるのです。


わたしの友人で、小学生の時から大学に入るまで、ずっと成績の悪かった男の子がいます。でも本人は気にしているわけではなくて、そんな成績なのに「オレは天才だから…」といつも思い込んでいる子でした。

「僕のおばあちゃんは、オレがどんなひどい成績とってきても絶対怒らないんだよ。『○○は天才だね〜』とか笑って言うの。ずっとそう言われてきたから、『ああ、オレは本当はよくできるんだな』って本気で思ってたよ。

大学に入ってから本気でやればすぐ追いつけると思っていたのに、全然成績上がらないし、授業がわからないんだよ。これはまずいと思って、オレは天才なんだからと思って(笑)、それから猛勉強を始めたわけ」

そうしたら、この彼は二年の終わりに学部優秀賞をとってしまいました。

「『あなたはできないんだから』って言われてたら、できなくて当たり前、ってなってたと思うよ」

と言っていました。

わたしたちだって、大して得意だとは思っていなかったことを本気で何回もほめられたら、「え？　そうかなあ？」とうれしくなって、努力する気になりますよね。わたしだったらそうなります。

女性は、「あなたはきれいね」「君はきれいだね」と言われながら過ごすと、本当にきれいになっていきます。これは本当に不思議なのですが、そういう言葉を浴びて暮らすのとそうでない人とでは、結果が全く違うのです。

人に言われることで「わたしってそうなのかなあ」という自信を持たせる、言葉の力って、すごいものです。

女優さんが鏡に向かって、「わたしはきれい」と言ってから仕事に出かけるという話を聞いたことがありますが、あれも理にかなっているのです。自分はきれいと思い込むことと、まわりからの言葉がきれいにしていくのです。

人に対してでも自分に向かってでも、口から出た言葉にはパワーがある、これをもっと重大なこととして受け止めて、意識して使うべきです。そしてこのパワーを、自分の人生によいことしか起こらないようにするために、大いに利用するべきです。

言ったら、物事がそのとおりの方向に流れて行く、これは日常生活の小さなことから始まります。

プラスの言葉をどんどん使い、自分が言われたらいやな気持ちになるマイナスの言葉は使わないようにするべきなのです。

第3章

いいことだけ起こしたいなら、自分のレベルを上げる

If You Want To Have Only Nice Things,
Improve Your Own Level.

人の心、意識にはレベルがある

ここで言う「レベル」とは、その人の容姿、育ち、家庭環境、ましてや出身校、会社名、職業などを指しているのではありません。

「精神レベル」のことです。

毎日、いかに穏やかに争いごとなく暮らしているか、いかにプラスのパワーがいっぱいになるような行いや考え方をしているかです。レベルとは「プラスのパワーの量」とも言えるかもしれません。

レベルの高い人は、プラス思考によってプラスのパワーが心の中にたくさんたまっているので、トラブルが自然と解消してよいことしか起こらなくなります。願っていることや自分の理想も実現しやすい状態にいます。まわりの物事がなんでもいい方向へ流れていきます。

レベルの高い人は、つまらないことで愚痴や文句を言わないので、憂うつな悩みは一つもなく、いつも明るい気持ちで過ごしています。

そしてレベルの高い人は、当たり前のように「自分の理想は絶対実現する」と信じて疑わずに努力しているので、すでに自分の予定どおり、なにかしら成功した人生を歩んでいるはずです。だからレベルの高い人は、精神的にも物質的にも満たされている豊かな人が多いはずです。まわりから見て「なんであの人はあんなに運がいいんだろう？」「なんでいつも楽しそうなんだろう？」「どうしてなんでもそろっているんだろう？」という人です。

このような、**まわりから見てうらやましい人たちは、一言で言うと精神レベルが高いのです。**

つまり、よいことばかり起こる人生にするには、自分の理想を実現させるには、精神レベルを上げるしかないのです。そして、今までに書いてきたプラスの行い——プラス思考で日々過ごすこと、小さなことで愚痴や文句を言わないこと、余計な心配はしないこと、理想の状況を思い描くこと、絶対うまくいくと信じ込むこと、身のまわりの行いに気をつけること、マイナスの言葉を口にしないこと、目の前のことに全力を尽くすことなどは、すべて自分の精神レベルを上げていることになります。

これらはすべてリンクしていることなので、どれか一つでも欠ければレベルは上がりませんし、レベルが上がらなければ自分の理想も実現しにくくなります。思ったようにことが運ばなくなるのです。

プラスが増えればレベルが上がる、レベルが上がればプラスが増えるというように、お互いに呼応しているのです。

自分のまわりには、自分と同じレベルのことしか起こらない

自分のまわりには、自分の精神レベルと同じ程度の事柄しか起こりません。

わたしのせいで起こったのではないように見える降ってわいたようなトラブルも、まぐれとしか思えないようなラッキーなことも、すべて自分のレベルに合っているからこそ起こるのです。

なんでもそろっている恵まれた人は、それにふさわしい高い精神レベルだから豊かなのです。

不公平なことはなにもありません。すべて本人が招いていること、自分でコントロールできることです。それなのに、「自分はなにも悪くない、勝手に起きたことで、運が

悪かった」と考えている人は、いつまでたってもその生活でしょうし、繰り返しトラブルが起こるでしょう。

いつもトラブルに巻き込まれている人、何をやってもうまくいかない人、悪いことが続く人、こういう人はレベルが低いのです。

レベルの低い人は、起こってしまったことを他人のせいにしたり、小さなことに文句を言ったり、他人をうらやましがってねたんだり、いつも愚痴っぽい生活をしているはずです。だから、愚痴を言いたくなるような状況が、また起こるのです。

レベルの低い人は、「わたしってだめだなあ」「なんでこうなっちゃったんだろう」「また同じようなことになったらどうしよう」など、過ぎたことに対してもマイナスの後悔ばかりしていて、余計な不安で心をいっぱいにして過ごしています。マイナスだらけです。

いつもこんなことを考えていれば、「常に悪いことが起こって心配して悩む」というパターンが、その人の「型」をつくってしまいます。「そんなに悩みたいなら、悩ませてあげよう」とばかりに、悩みがやってきます。その人の心にふさわしい状況が、引きつけられるのです。

「あの人っていつも文句ばっかり言っている」というイメージと評価がまわりの人からも集まれば、その言葉と意識が、その人を文句ばかり言う現実の方向へ流していきます。

実際自分のまわりを見渡して、文句ばかり言っている人、人をねたむ人、必要以上に悩む人、こういう人って決まっていませんか。

そしてこのような人は、たいてい本人も幸せではありませんよね。

このような人に限って、自分が弱くて自信がないために、変な物や人に頼ろうとしたり、すがってみたりします。自分の心の持ち方次第で解決できるということに、気付いていないのです。

レベルの低い時は、なにをやってもうまくいきません。仕事も人間関係もすべてがうまくいかないという具合に、あらゆる方面に影響が出てきます。うまくいっている時は何をやっても、トントン拍子に進むのと同じことです。

悪いことが起こる↓自分のせいではない突然起こった悲劇だと思う↓人のせいにしたり、「なんでわたしばかり…」と思う↓マイナス要素が増える↓レベルがさらに下がる↓また悪いことが起こる、という仕組みです。だからレベルが下がっている時は、悪いことが続けざまに起こるように感じるのです。

これを解決しようと思ったら、その問題自体を考え込むのではなく、自分のレベルを上げさえすればよいのです。

「こんなにいやなことがまわりで起こるということは、今自分の精神レベルはどのくらい低いんだろう？」と考えるべきです。

レベルの高い人は、どんなことでもうまくいく

自分のレベルが上がっていくと、なんだかわからないけどうまくいってしまった、ということが頻繁に起こります。

前に述べた「プラスのパワーが、直接関係のないマイナスの悩みまで解決してくれる」という現象が起こります。すべて自分の都合のよいようにまわりが動いていく、という感じになっていくのです。

よいことが起こり、悩みも解決されるから、気分が明るくなって、まわりに対していやな感情を持たなくなります。マイナス要素をなくして努力するのでますますレベルが上がり、また次のよいことがめぐってくるのです。

これを繰り返していくと、いつか気付いた時、ものすごく大きな理想がかなっているのだと思います。

物質的にも恵まれている人たちが、行いよく、人に対して親切だと、「あれだけそろっている環境があれば、人に親切にする気も起こるよ」と、またも愚痴っぽい捉《とら》え方をする人がいますが、全く逆です。

行いがよいから、何拍子もそろった状況なのです。そろっているから精神レベルを上

遠くから見ると
遠いけど
レベルを上げれば
近づいてくる
めざすもの

げられたのではなくて、精神レベルが高いから、いろいろな幸せな状況が後からついてきたのです。これがわからずに人のことをねたましく思う人には、いつまでも他人をうらやむ状況しか巡ってこないのです。

いいこと続きの波に乗るか、悪いこと続きの流れにはまるか、すべては自分の心の持ち方によって決まります。

今からでも、自分の心をプラス思考にスイッチすれば、幸せなことばかり起こる生活に流れていくのです。

自分のレベルをチェックしよう

では、今、あなたのレベルはどのくらいのところにあるのでしょうか。

目に見えるわけではないですから、一番高いところまであと少し、という見方はできません。一番高いところ、低いところという限界もないと思います。上には上が、下には下が限りなく存在します。

自分のレベルがどんなものだか簡単にチェックする方法として、わたしがよく基準にするのが、交通機関や日常生活の中で出会う人々です。タクシーやバスの運転手さん、スーパーやコンビニの店員さんのように、日々接する人々の態度などで判断します。

バスの運転手がニコニコ笑いかけてきたら、自分の心の状態がいい証拠です。

タクシーに乗ったら運転手がものすごく横柄《おうへい》な態度で腹が立った、これは自分が横柄な態度をしているから、または心にマイナス要素を持っているからです。こんな時、わたしは「あら…、今日のわたしはこのくらいのレベルなのね」と思って、この二、三日間を振り返ってみたりします。

自分のレベルが下がっていると、本当にイライラすることが起こるのです。

例えば電車の中で、座ろうと思った席に乗り込んできた別の人が座ってしまったり、隣の人の傘を引っ掛けられてストッキングが切れたり、うるさい酔っ払いがいたり、人にぶつかっていやな顔をされたり、面白いほどです。

自分のレベルが上がっていると明るく穏やかな気持ちなので、このようなことは起こりません。もしかしたら起こっているのかもしれませんが、気にならないのです。同じことが起こっても、自分の状態がよい時と悪い時とでは目に入ってくるものが違う、ということです。

つまり、すべて自分の捉《とら》え方次第、ということなんですよね。楽しいこともイライラすることも、自分の心がつくっているのです。

何年か前、山手線のわたしの最寄駅に、いつもブスッとしている駅員さんがいました。別に笑顔を振りまく必要はないけど、もうちょっと普通の顔ができるでしょ…、と思ってしまうぐらい、いつも不機嫌そうな顔をしている男の人でした。

朝早くから出かけなければならない用事があり、六時半頃駅に行った時のことです。そばのベンチに、早朝だとたまに見かける、地方から野菜を担いで売りに来るおばあさんが座っていて、体の倍もある重そうな籠《かご》を丸めた背中に担いだまま、一休みしていました。

隣に座ってわたしも電車を待っていたら、その駅員さんが近づいてきたのです。

「おお、おお、今日も不機嫌そうだわ」と思っていたら、この駅員さん、

「おはよう、おばあちゃん、今日も暑いねえ」

とさわやかに声をかけて、通り過ぎて行ったのです。

わたしは本当に、心底びっくりしました。とてつもなくいいものを見た気がして、わ

たしまでにっこりしてしまったぐらいです。

いつもはこっちまでいやな気分になる駅員さんだと思っていたのに、わたしの精神状態によって、目に映るものも違うんですよね。

物事を穏やかにプラス思考で見ることができる時は、自分の気分がいい時、つまりレベルの高い時ということになります。

レベルを上げると、同じハプニングが起こっても気にならないようになり、イライラすることが減っていくのです。むしろ、その事故のために、その後のことが好都合に運んだ、ということさえあるのです。

小さなイライラが身の回りで起こる時は、自分のレベルが下がっている証拠です。

友だちも自分のレベルに応じて選ばれている

「類は友を呼ぶ」という言葉があります。同じような者同士が集まる、という意味です。

学校でも社会でも、友だちのグループによってそれぞれカラーがあって、同じ輪の中の人同士は、ファッションから生活スタイルまでなんとなく似ています。

ファッションが似ているということは「これがかわいい、素敵」と判断する基準が同じなわけですから、ものの考え方なども似ている人が集まっていることになります。派手なグループに地味な人が混ざっていることって少ないですよね。

職業の分野や生活パターンが違っていても、おおもとで考え方が同じ人、ものの捉《とら》え方が近い人、感覚が似ている人はすぐ友だちになることができます。

ということは、自分のまわりに集まっている人は、みんな自分と同じところを持っているのです。もちろん外的環境だけではなくて、目に見えないレベルが似ているということです。趣味は全く違うけれどなんだか話が合うという人は、自分と同じ精神レベルの人なのです。

文句を言っている人には文句を言う状況がひきつけられるのと同じように、友だちも同等のレベルが引き寄せられています。

「あの人のああいうところって苦手だな」という部分でさえ、自分の中に持っているはずです。相手のいやなところが目についてしまうということは、自分の中にも同じところがあるからなのです。

だから、まわりにいる人はみんな自分の鏡です。

句ばかり言っている人の友だちは、きっと文句ばかり言う人でしょう。一緒に愚痴言い合えるから、友だちをしているんです。


社会人になって、ますます「世間って本当に狭いなあ」と思うことが増えました。

初対面の人でも、交友関係を聞いていくうちに、わたしの親友と知り合いだったとか、親同士が知っていたなんていうことばかりで、意外なところでつながってしまう、こういうことってありますよね。同じ交友範囲の中をグルグルしている感じ。

でも、交友関係をどんどんたどっていけば皆が皆つながるかというとそうではなくて、自分とはちょっと価値観や世界が違うなあと日頃から思っている人とは、知り合いの範囲が絶対に重なりません。

その抜け出せないような範囲というものが、自分と同じレベルの人たちだと思います。

知り合ったのは昔だけど、いつまでも仲が深くならないというのは、その人と自分のレベルが違うからです。

逆に初対面でも意気投合する人とは、自分と同じレベルの人なんですよね。お互いに本音で話して話が合うというのは、レベルが同じだということです。

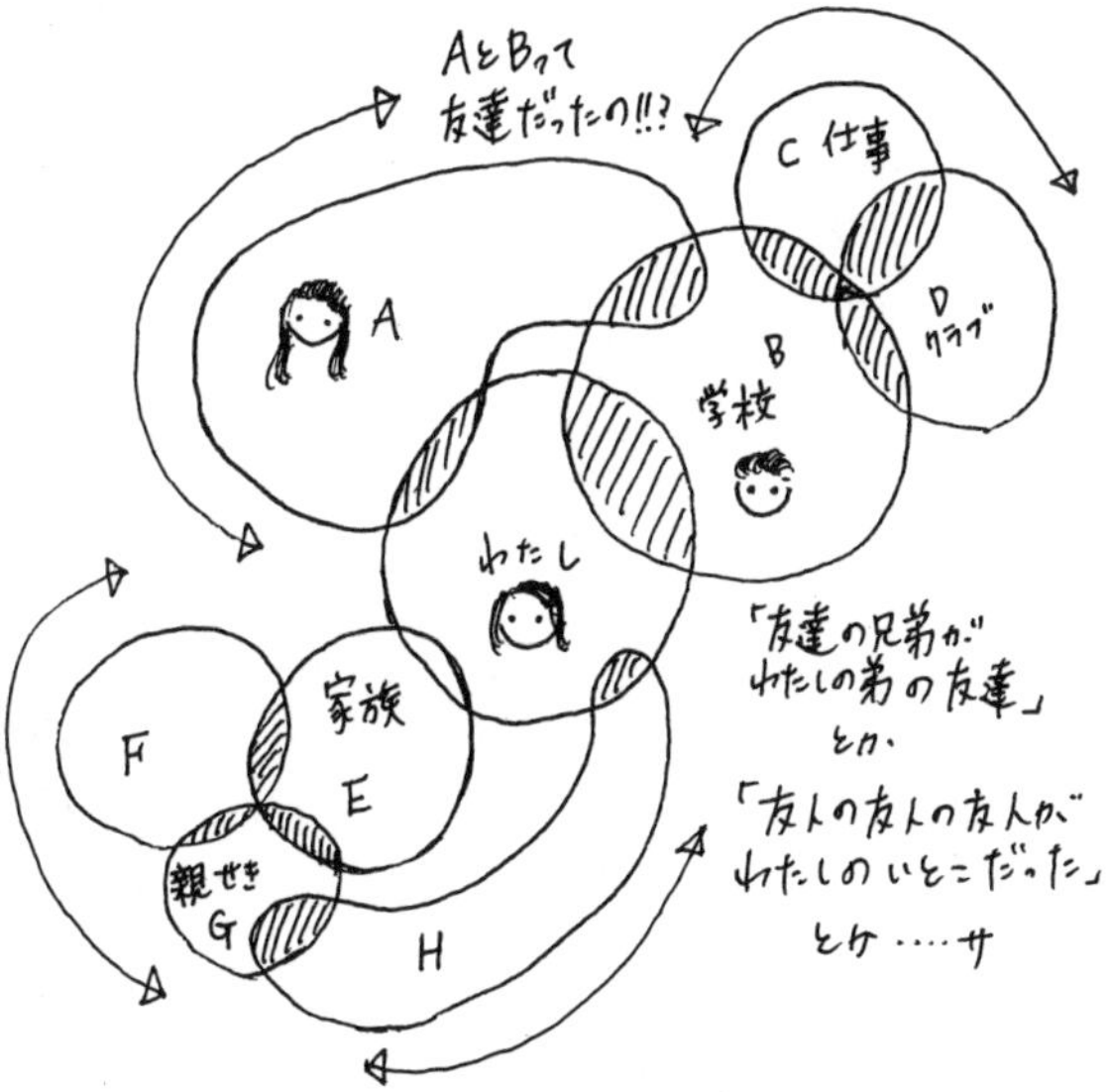

同じところをグルグルしている
交友範囲
どっかでつながってる…

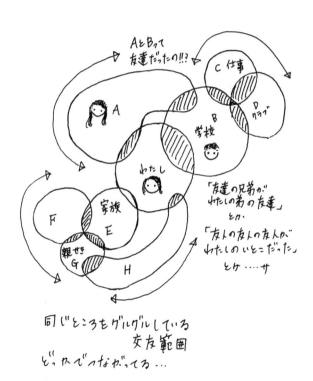

自分のまわりにいる人も、自分次第で決まっているのです。

例えば友だちに裏切られた経験のある人は、自分の中にもその要素があるのです。性格のいい思いやりのある友だちに囲まれている人は、本人がそうだからです。

だから、「友だちを見ればその人がだいたいわかる」ということになるのです。正に「類は友を呼ぶ」です。

いい友だちをつくりたいと思ったら、まず自分がそうなるしかありません。

第4章

レベルが上がると、こんなにすごいことが起こる

Your Higher Level Leads
To So Much Fantastic Happenings.

思ったことがすぐ実現する

プラスのパワーが増えて自分のレベルが上がってくると、信じられないようなことが身のまわりに次々と起こります。

第一に、思ったことがすぐ実現するようになります。

実現と言うと大げさなのですが、「なんてタイミングがいいんだろう」ということが頻繁に起こって、物事が結果的にうまくいくことになります。「ちょうど必要だったのよ～」「本当にタイミングがよかった」「今、しようと思っていたところだったのよ」というようなことが起こるのです。

例えば「あの人に電話してみようかなあ」と思うと、約束もしていないのに突然相手のほうからかかってきたりします。

「だれかとご飯でも食べに行こうかなあ」と思っていると、「暇？　ご飯食べに行かない？」と友だちから連絡があるのです。

一番よくあるのは、「最近会っていないけど、どうしてるかなあ」と思っている人と、外でばったり会ってしまうことです。道の向こうから歩いて来たとか、車に乗っていたら目の前の横断歩道を渡っていたとか、意外なところで意外な人に出会います。

わたしのほうは、「考えていたらまた会えちゃった」と感激しているので「最近どうしてるかなあって思ってたのよ～」なんて言うと、「ええ？　ほんとに～？」と本気にとられないことも多いのですが…。向こうが自分と同じレベルだと、「わたしも連絡しようと思ってたの」なんてことになります。

あまり気がすすまない用事がある時、向こうのほうから中止になることもあります。相手の都合が悪くなったり、天気のために中止になったり、こちらから断る失礼をせずに、自然と行かなくて済むようになるのです。

一日の中に用事がいくつも重なってしまって、「この約束の時間が少しずれれば楽なんだけどなあ」と思っていると、「時間ずらしてくれる？」と電話がかかってくることなんかは、しょっちゅうです。

先月、母と京都を旅行しようと思っていたのですが、どのガイドブックも似たようなものだし、どこへ泊まってどこへ行こうかと迷っていました。

そうしたら、パッとつけたテレビでちょうど京都特集をやっていたので、とても参考になりました。さらに、テレビを見ているちょうどそこへ、京都出身の知り合いから電話がかかってきたのでいろいろ教えてもらって、楽しく旅行することができたのです。「ちょうどそこへ…」ということばかりでおかしいほどですが、これが本当に起こるのです。

もっと簡単で、最近あったことと言えば…。

家に親戚が集まった時に、久し振りに全員そろったから写真でも撮ろうということになったのですが、フィルムの買い置きがありませんでした。その時、わたしがカップボードにぶつかって、上に置いてあった箱をすごい勢いで「ガッシャーン」とひっくり返したのです。

そうしたら、いろんな物がぶちまけられた一番最後に、コロコロッと使っていないフィルムが転がり出てきたのです。いつもあんなところにフィルムは入れていないのに、です。まるで「ここにあるよ」と何かが教えてくれたような感じです。

はじめは偶然だと思っていたので不思議でしたが、あまりにこういうことが多いので、だんだん慣れてきました。

そして、「ナイスタイミング」ということが起こった時を注意して観察してみると、そのどれもに共通点があることに気付いたのです。

あまりにもタイミングのいいことが起こる時は、わたし自身が行いをよくしていたり、余計な心配をせずに目の前にあることに一生懸命打ち込んでいる、そういう時なのです。

つまり、わたしに思い悩むことが何もなくて、レベルが高い時なのです。わたしの心の状態がよくて、穏やかな気持ちで過ごしている時なのです。

これがわかってからは、ちっとも不思議ではなくなりました。偶然でもなんでもなくて、すべて自分が招いたことだとわかったからです。心にマイナスを持たないで、明るく笑って過ごしていると、笑って過ごせる状況がやってくるのを実感しだしたのです。この気持ちは、とにかく自分が経験してみないとわからないかもしれません。

そして、自分の心の状態をよくしておけば、これぐらいの小さなことは簡単なことのように感じてきました。実際簡単なことなのです。それに気付いていないだけなのです。

電話をかけようと思うと連絡がある、これは理想実現の第一歩です。このような日常の小さなことからプラスのパワーを利用して、どんどんレベルを上げていけば、いずれもっと大きなことを動かせるようになります。

「身のまわりの小さなラッキーぐらい当たり前」のように感じ始めて、**さらに自分のレベルを上げ続けていくと、ある日ふと気付いたら自分の理想がかなえられていた、ということになっているはずです。**

「こうしたい」と思ったら、そういう話が絶妙のタイミングでやってきた、という具合に、自分の目標や理想の生活をかなえるぐらいの大きなことを、引き寄せられるのです。

こう考えると、すべて自分のレベルを上げておけばいい話なので、なんだか楽しくなってきますよね。

欲しい物が向こうからやってくる

さらにレベルを上げておくと、もっとすごい「いいタイミング」のことが起こります。それが引き金となってもっと大きなことが動いていく場合もあるのです。

わたしは、タウンページの類《たぐい》の本はあまり見たことがないのですが、先日どうしても調べたいことがありました。でも、家族が誰も使わないので、家に一冊もなかったんです。そうしたら、ちょうどそこへ「ピンポーン」とベルが鳴って、新しいタウンページが配達されてきました。タウンページの配達なんて、一年に一、二回のことですよね。

母は、趣味でたまに絵を描くのですが、ついこの間、大きな作品を描いている時に、特殊な色の絵の具が足りなくなりました。画材屋さんで取り寄せると一週間ほどかかると言われたので、それまでおあずけかしらと中断していたら、次の日に、同じく絵を描く母の友人から、全く同じ色の絵の具が送られてきたのです。びっくりして電話してみると、「わたしのほうでたくさん取り寄せて余っていたし、あなたの好きそうな色だったから…」と言われたそうです。もちろんその人は、母がその色が足りなくて困っていることを全く知らなかったし、母にしてみれば「なんで突然…？」という出来事でした。

先月、水道管が壊れてしまい、修理に来てもらうまで水が出ないかも…と沈んでいたら、突然水道管工事の人がたずねてきました。なんでも三年に一回の無料点検でまわっているというのです。三年に一回なんて、本当にナイスタイミングですよね。

他にもいろいろあるのです。

ＭＤラジカセが壊れたから買わなくちゃと思っていたら、くじ引きで当たったり、ファンデーションがなくなったと思っていたら、その日に遊びに来た友だちに新製品をもらったり、とにかく小さなことから大きなことまで、欲しい物が向こうからやってくるような感じです。

このようなことがたて続けに起こっていた当時のわたしは、

「一体これはなんなんだろう？　なんかある…」

と考えずにはいられませんでした。

当時、わたしは今までに書いてきたことが、まだぼんやりとしかわかっていなかったので、一つ一つ目の前で見せられているような感じでした。

「必要な物だったら、レベルさえ上げておけば自然に入ってくるから大丈夫」という姿勢になってきました。

グッドタイミングで動ける

電話のほしい人からかかってくる、欲しかった物をもらう、このような話は分かりやすいので紹介しましたが、ほんの小さな一例です。

もっとすごいこと、自分の望みをかなえてしまうぐらいの超ラッキーなことを引き起こすためには、もっともっと精神レベルを上げて、かなえたい理想に見合う自分をつくくっていかないといけません。

例えば、優しい女の子に優しい彼ができれば、「お似合いだね」と言われますよね。努力家でまわりに寛大なよい人に、信じられないようなラッキーな仕事の話が転がり込んだとしても、「あの人だったら、ああいうことが起こっても不思議ないよね、日頃の行いがよさそうだもの」と思いますよね。

みんな、この手のことを世間話のように言っていますが、これはとても理にかなっていることで、実はすでにわかっていることなんです。日頃の行いがいいからいいことが起こる、かなえたいことにふさわしい器になれば、自然とかなえられるということです。

自分の望みがかなう、つまり何かが成功する時というのは、「自分の努力」プラス「タイミング」ですよね。同じことをしても、時期が遅すぎたり早すぎたりすれば、うまくいかないものです。

自分の努力は自分でなんとでもなりますが、タイミングやめぐり合わせというのは自分ではどうすることもできないこともあります。どんなに手をまわしても、時期を見計らっていても、あと少し早かったらうまくいったのに、というほんのちょっとの時間のずれが影響するのです。

大学卒業後ロンドンに留学していて、一人暮し用のフラット（アパート）を探していた時のことです。東京より物価の高かった一九九九年当時のロンドンで、「都心で、治安がよくて、安くて、駅から徒歩五分以内で、イギリスらしい雰囲気の街」という思いきりわがままな条件を一軒目の不動産屋に伝えたら、「そんなフラットは、ロンドン中探してもまずないだろう」と言われてしまいました。

ところが二軒目で、同じ条件を話し終わったちょうどその時、カタカタカタッ…とファックスの音がして、正にわたしが探していた条件にぴったりのフラットの「住人募集」の紙が送られてきたのです。

探している学生は前にも後ろにもたくさん並んでいて、あと一つ後ろだったら、わたしではなく前の人がこのフラットに住むことになっていたでしょう。タイミングってすごいですよね。

友人が交通事故にあって頭を強打した時に、運ばれた病院にたまたま脳外科専門の医者が遊びに来ていたので、助かりました。その先生がいる時にそこに運び込まれるということが、その人のタイミングだったわけです。

自分の都合のいいタイミングを用意するには、自分のレベルを上げておくしかありま

せん。

レベルを上げて、ラッキーなことにふさわしい自分でいれば、素晴らしいチャンスとタイミングは自然とめぐってきます。人と人との関係や、自分では操作できない時間のずれなども、すべて、精神レベルに応じて動かされているからです。

自然に動いたら相手にとってもちょうどよかった、これこそ「タイミングがいい」ということですよね。

正に、「運のいい人」です。「たまたまこうしたら、たまたまうまくいって…」、この「たまたま」を操作しているのが本人のレベル（プラスのパワーの量）なのです。

だから自分のレベルさえ上げれば、どんな状況にいる人でもナイスタイミングで動くことができるし、ナイスタイミングで動けば、だれにでも平等にラッキーなことが起こるのです。

だれでも「運のいい人」になれるということです。

こんなに楽なことはありません。こんなに平等なこともないと思います。自分でやったことが、一〇〇パーセント自分にはね返ってきているのですから。

成功している人や望みをかなえた人にはいいことばかり重なっているように見えて、

不公平に感じるかもしれませんが、それにふさわしい精神レベルを維持できているから、ますますよいことが起こるのです。よいことばかり起こる人には、また続けてよいことが起こる、これこそ平等だと思います。

だから、いいことばかり起こるラッキーな人に出会ったら、「どのように考えれば、あんな風になるんだろう」と観察し、勉強するべきです。それを、**あの人ばっかり不公平だと思うのは、ますます自分をよいことから遠ざけている考え方なのです。**

日常の小さなラッキーの繰り返しが「タイミングのいい人、運のいい人」をつくりあげ、いずれは、自分の望みをかなえた成功者につながっていくのだと思います。

新しい世界の人とつながりができる

レベルが上がると交友範囲が変わります。

今までの自分では知り合うことのなかった、新しい世界の人とのつながりが開けていきます。

今まで知り合えなかった新しい世界とは、自分とは全く違う職業や違う学校など、今まで出会う場がなかった人であったり、それまで交際できると思わなかった社会的地位の高い人であったり、いろいろですが、今までの自分の知り合いとは違う種類の人です。

例えば、職種が変わったから、それにともなって仕事仲間の種類も変わった、という外的原因によるものばかりではありません。自分の社会的状況は変わっていなくても、レベルが上がると交友範囲が広がりだします。

さらに、ただ新しく知り合うだけではなく、その人と思いがけなく意気投合してしまったり、年の差に関係なく、これからもずっと仲よくしたいと思える人と出会ったりします。

新たに出会う人だけではありません。今まで知ってはいたけれど特に仲よくなかった人と、急に親しくなることもあります。

どのような形で出会ったり仲よくなるかのきっかけは、人それぞれだと思いますが、**「なんだか最近、交友範囲が変わってきたなあ」と感じる時は、自分のレベルが上がってきている証拠です。**

なぜレベルが上がると交友範囲が変わるのでしょうか。

今まで仲よくしていた人たちというのは、自分と同じレベルだから一緒にいたわけでよね。だから自分のレベルが上がると、それまでのレベルで成り立っていた輪の中で満たされなくなるのです。居心地が悪いので、そこから抜け出て、より満足感の得られる「上」に行こうとするのです。お稽古事のクラスで、自分の技術や能力がまわりの人より上達してくると、今までのクラスでは物足りなく感じてくるのと同じです。つまり自分のレベルが上がると、それに見合う新しい人たち、今までより上のレベルの人たちと付き合えるようになるのです。

もちろん、今までの知り合いの関係がなくなるということではありません。今までと同じレベルの交友範囲だけでなく、さらに新しいつながりが増えていくということです。

自分より上のレベルの人というのは、

- 自分から見て尊敬できると思える人
- この人ってすごい、と思える人
- 自分もこういうふうになりたい、と思える人
- 自分から見て、成功していると思える人
- 自分の理想の生活をしている人

- 自分の目標をかなえるのに力を貸してくれそうな人
- 一緒にいるといい気分になれる人
- 一緒にいるとやる気のわく人
- なんだか一緒にいたいと思う人
- 会った後に穏やかな気分になる人
- これからもずっと仲よくしたいと思う人

などです。絶対的な条件はありませんが、自分が一緒にいて、「この人って素晴らしいなあ、友だちになりたいなあ」と感じる人です。一緒にいて気分のよくなる人です。自分が、その人の真似をしたいと思える人です。

会うだけで、自分が優しい気分になったり、やる気のわいてくるような人は、レベルが高い人です。これは、年齢差や性別には全く関係ありません。

このような人たちは、きっと、自分よりすべての面で優れた生活をしていると思います。ある意味で、うらやましい部分があると思います。でも、それが自分の嫉妬やライバルの対象になることはなくて、「この人のこういう人柄がよいことばかりを引きつけているんだろうなあ」と心の底から感じるような人です。くだらない文句や、他人にひけらかそうとするレベルの低い気持ちが相手のほうにありませんから、嫉妬《しっと》やライバルの対象にはなり得ません。

マイナスのことが心に何もない穏やかな明るさに満ちているから、一緒にいて居心地よく感じるのです。

このようなレベルの高い人とは、大いに一緒にいるべきだと思います。単純に、明るい人と一緒にいると明るい気分になるように、プラスの行いをすれば自分のプラスが増えていくように、プラスの言葉を言えばプラスにつながるように、**レベルの高い人と一緒にいれば、自分もそのレベルに引っ張り上げられるからです。**

すごく運のいい人に会うのも、そのレベルとプラスのパワーのおすそ分けをしてもらうというか、会うだけで自分のレベルが上がります。パワーをもらおうと無理に思わなくても、一緒にいて楽しい気分になるだけで充分です。見えない次元で、必ず動きがあるはずです。

また、あの人といると自分はなんだか運がいい、という人っていないでしょうか。もしそういう人がいたら、それも、目に見えない次元で自分を引っ張り上げてくれている人です。

高いレベルの人たちの仲間入りができる

自分のレベルが上がると、今までより高いレベルの人たちと知り合うことができます。と言っても、自分よりすごいと思える人たちのレベルと自分のレベルは、そうかけ離れているわけではありません。

そのような人たちと知り合いになれたということは、自分がその世界にふさわしいレベルに近づいているからなのです。あまりにお呼びでないほどの差があったとしたら、知り合いとしてかすりもしないと思います。

「むかついたから殺した」というようなレベルの低い犯罪を犯すような人が、素晴らしい人格の成功者と知り合いだった、ということはまずありません。犯罪を犯してしまう人たちの輪と、満たされて明るい気持ちで暮らしているレベルの高い人たちの輪は、絶対に重なりっこないのです。たとえなにかで隣合わせになったとしても、知り合うことはあり得ないのです。「類は友を呼ぶ」からです。

たから、新たに知り合いになった自分よりすごいと思える人とでも、レベルがかけ離ているわけではありません。ちょっと頑張れば、仲間入りができるのです。

なにを基準に自分より勝っていると思うかは人によって違うけれど、「あの人の実績や生活を考えると素晴らしすぎて、とてもわたしごときにお付き合いはできない」と思える人とでも、レベルが近づけばいつの間にか仲よくなれるから不思議です。

自分の精神レベルさえ上げておけば、経済力や社会的立場で自分よりはるかに勝っている人たちとつながっていくし、このような人たちの前に出ても堂々と胸を張っていることができる、ということです。

同性でも異性でも、素晴らしい人とお近づきになりたいと思ったら、それにふさわしいレベルまで自分を引き上げるしかありません。

どんなに素晴らしい人との輪が広がっていくか、すべては自分のレベル次第です。

いやだなと思っていた人と、自然と縁が切れる

同じように、「あの人といると、なんだかいやな気分になる」という人もいると思い

ます。

・直接なにかを言われるわけではなくても、一緒にいると自信をなくす人
・文句ばかり言っている人
・トラブルメーカーと感じる人
・自分が相手のトラブルに巻き込まれそうになる人
・一緒にいてちっとも楽しくない人
・会ったあとに憂うつになる人

このように感じる人たちは、自分よりレベルの低い人です。

レベルが高い人の定義と同じように、「なんとなく、理由はわからないけど、なんだか会うと疲れる」というような人です。

なにもされていないのに、なんだかいやな気持ちや暗い気分になるというのは、相手のレベルが低いからです。自分のレベルがどんどん下げられていくので、いつまでも一緒にいる必要はありません。

と言っても、友だちのグループが同じだとか、今までの付き合いがあったりで、そうそう簡単に縁を切ることはできないでしょう。

ところがレベルを上げると、このような人と会わなくても済むようになるのです。それも、こちらから離れるというような強行手段をとらなくても、自然と関係が薄くなっていくから不思議です。

例えば、あまり会いたくない相手から電話があったとします。今までの自分だったら、会えばまた面倒なことになるかもしれないから、本当は会いたくないと心の中で思っていても、何回も電話がかかってきたら断りきれないので、会う約束をします。

ところが、ここで自分のレベルが上がっていると、しばらくして相手のほうから「都合が悪くなったからキャンセルにしてくれない？」という連絡がきたりするのです。日程をずらしたとしても、また相手のほうの都合が悪くなります。このようなことが何回か続いて、自然と関係が薄くなっていくのです。

「タイミング」の問題でしょうか。

相手と自分のレベルがずれてくると、相手のタイミングと自分のタイミングもずれてくるのだと思います。「今会いたい」「こうしたい、ああしたい」と思うタイミングがずれてくるから、お互いの予定が噛《か》み合わなくなるのです。

逆に、自分が下のレベルにいる場合は、レベルの高い人たちに縁を切られないように

努力しなければならない、ということになります。レベルの高い人と一緒にいることは、相手にとってはレベルを下げて合わせてくれていることになりますからね。

だから、せっかく自分のレベルが上がって、素晴らしい人たちとの付き合いが始まったのに、もし自分がいつまでも同じレベルにとどまっていたら、高い人とのタイミングがずれて、自然と関係が薄くなってしまいます。

少しレベルが上がったために、もともと入ることのできなかった世界を垣間見させてくれているわけですから、自分のレベルをその世界にふさわしいように維持しなければなりません。**新しい交友範囲が広がったというのは、言わば、自分のレベルが試されているのです。**

この「お試し期間」に気付かずに、いつまでも同じところで停滞、または下げるようなマイナスの行いをしていれば、レベルの高い相手にとっては自分では役不足ということで、自然と連絡が来なくなって、縁が切れていきます。自分が高い側にいた時に、大して会いたくないなあと思って連絡をとらないようにするのと同じことです。

だから、自分がレベルを上げるように心がけている時に、知らない間に知り合いとの仲が薄くなってきても、頑張って追う必要はありません。

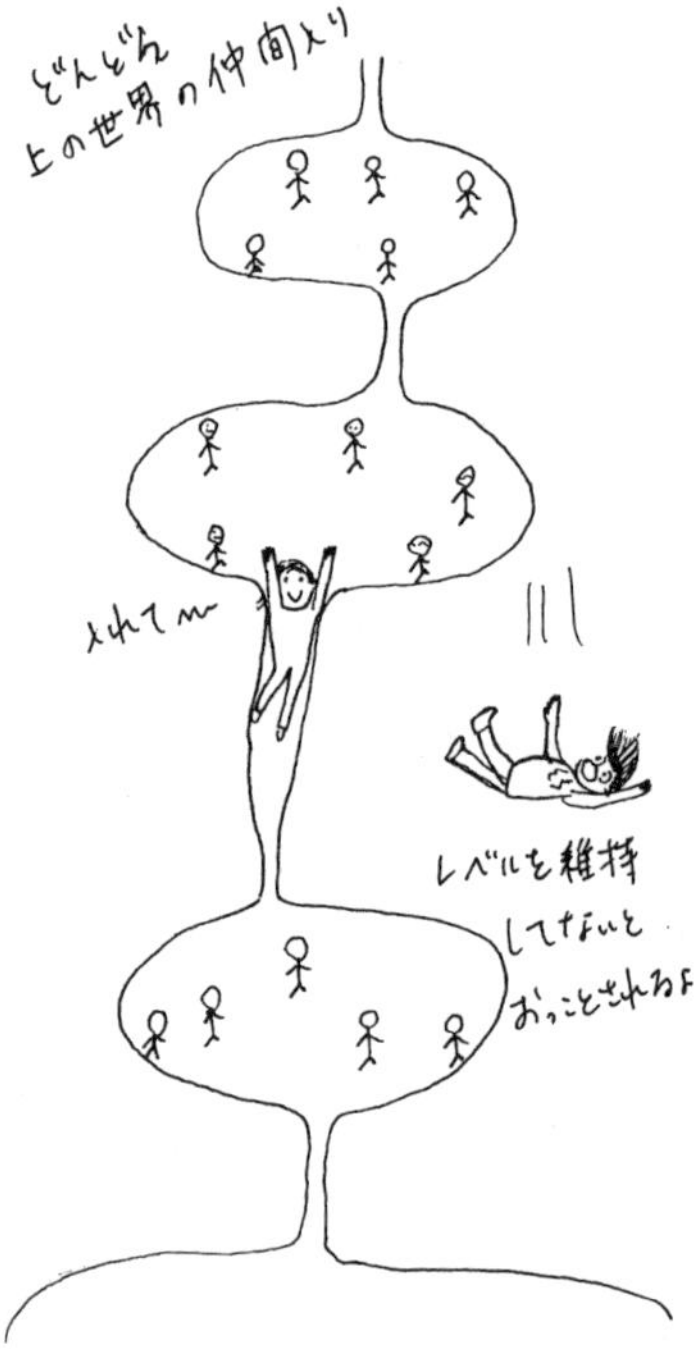
どんどん
上の世界の仲間入り
入れて〜
レベルを維持
してないと
おっことされるよ

同性異性に関係なく、自分にとって必要がないから縁が切れかかっているわけで、むしろプラスなのです。しばらくして、向こうのレベルが自分に追いついてきたり、自分のレベルが逆戻りしてしまえば、また関係が戻るはずです。

でも、このような精神レベルの関係は見えない次元で起こっていることです。自分の相手に対する個人的感情とは違うので、「あの人とはもう会わないようにしよう」と自分の気持ちで考えて行動を起こす必要はありません。

すべて、自然に起こることなのです。

その時の自分に必要な情報が舞い込んでくる

レベルが上がると、自分がその時必要とする情報が入ってきます。

人間関係でも仕事でも、自分の人生についてもどんなことでも、どうしようかなあと迷っていたことの答えが出ます。答えとなる情報が自然とやってきて、解決します。と言うより、その情報にタイミングよく気付くようになります。

本来、自分のまわりにはいつも必要な情報がたくさん転がっているのですが、それに気が付かないだけなのです。

どれをつかむかは、その人のレベルに応じています。精神レベルの高い人は、高度な情報をタイミングよくつかむことができるし、精神レベルの低い人はその人なりの情報にもなかなか気付きません。

例えば同じスポーツをしていて、初心者の人に高度な説明をしても理解できませんが、上級者は同じようなアドバイスでさらに上達する、というように、その人に応じたものをキャッチすることになるのです。

自分に必要な情報は、ふと開いた本の一ページに書いてあるかもしれませんし、パッとつけたテレビのワンシーンかもしれません。

ある資格を取るための勉強をしている大学生が、どうもやる気が起きなくて困っていた時、本屋でマンガ雑誌を開いたら、セリフの中の「やればできる」という言葉が目に飛び込んできました。そのあと電車に乗ったら、中吊りの雑誌の広告欄にまたも「やればできる」という言葉が大きく書いてあるのが目に入りました。

こういうこともすべて情報です。

「やればできる」などという言葉は、彼がその状況にいなければ素通りをしていたような、よくある言葉です。

その時の自分に必要があるから、目に留まったのです。

「なんだか気になる」とか、どうしてか心に残った言葉や表現は、その時の自分への答えや情報です。決して偶然ではありません。自分のレベルにふさわしい答えを示してくれているのです。

情報が来ないと思う人は、まわりにたくさんあるのに気付いていないだけです。

それは、「情報をキャッチしよう」という意識と心がないからです。心が情報を受ける態勢でないと、情報が通っても素通りなんですよね。友だちに一生懸命話しているのに、相手に聞く気がなかったら、「話すのやめよう」と思うのと同じです。

または、なにか心に留まったことがあったとしても、それが今、自分の考えているあのことの答えだ、とわからなかったり、それを素直に受けとめていないだけです。

確かに、ちょうどそのことを考えていて、頭がそれでいっぱいの時ならば気付くかもしれませんが、それを忘れて生活している時や、友だちと遊んでいる時などに情報がやってきていても、気に留めないかもしれません。「情報のやってくるタイミングがもう少しずれていれば気付いたかもしれないのに…」ということがたくさんあるかもしれません。

でも、心配する必要はありません。

自分のレベルが上がると、先ほど書いたようにタイミングが合って「今、必要」という時に、サッとやってくるようになります。「今情報が欲しい」と思った直後とはいかなくても、二、三日のうちにやってくるので、「ああ、これか」とすぐわかるようになります。そしてその情報どおりにやってみると、たいていうまくいくのです。

迷っていたことの答えが人の口を借りて伝わってくる

情報は、人の口を借りて伝わってくることもあります。

友だちとおしゃべりをしている時に、その時自分が考えていることの答えとなるようなことを、友だちが突然ペラペラと話し出すことがあります。

話している友だちのほうは、なんの気なしに言っていることで、わたしがそれについて考えていたことも知りませんし、相手にとっては全くたわいのない話なのです。でも

それについて考えていたわたしにしてみれば、

「え？　彼女はわたしが迷っていたことは知らないはずなのに、なんで、突然こんなこと話し出すんだろう？」

と、とても不思議な気分になります。

これは、自分の考えている問題そのものズバリのことを相手が話し出すということではありません。全く違う内容の話なのに、今のわたしに向けられているような言葉がその中に出てきたりするのです。

それに気付くか気付かないかも精神レベルの高さによりますが、自分への情報に気付く時というのは、これが答えなのかなあとぼんやりわかるのではなく、「あ、これだ、絶対そうだ」とはっきりわかります。

頭にサッと光が入るような感じです。「これを聞くために、今日はこの人と会ったんだな」と感じます。

自分のまわりには常にたくさんの情報が転がっているので、どうしようかなあと思った時、どんな情報が来るか待ってみるのも手です。

自分がふと目にする言葉、心に残る言葉、すべて、今自分が必要としているから残るのです。偶然ではありません。

人が話していることや、車の中で聞くラジオや、ふと目に留まった広告などにも、その時の自分のためにあるようなハッとする情報が示されています。そして、せっかくその情報に気付いたら、それをアドバイスと思ってとり入れないと意味はありません。

「なんだか最近、いやに英語の話せる友だちが増えたなあ」と思っていたことがあります。

外資系企業に就職した子が、昔はわたしと同じぐらいだったはずなのに、ものすごく英語が上達していたり、わたしと同じ場所に留学していた人に出会ったり、翻訳をしている友だちができたり、なぜだか英語に関する話題が多いのです。

「これは情報かも」と思い、英語を忘れないように維持する努力をしなくてはと、さっそく以前習っていた会話のレッスンを受けるようにしました。

すると、それから少しして知人から通訳の手伝いを頼まれ、「ああ、こういう意味だったんだな」とわかりました。

レベルが上がると、情報に気付きやすくなる↓その情報を生活に利用して物事がうまくいく↓気分が明るくなる↓まわりに寛大になる、プラスの考えが増える↓またレベルが上がる、この繰り返しです。

トラブルが解決しやすくなる

レベルを上げると、毎日が楽しいことに満ちあふれていて、自分のいやなことがすべて世の中から消え去るわけではありません。でも、これには理由があるのです。

わたしは、人の精神レベルと物事の起こる関係というのは、一二九頁のイラストのような「らせん」になっていると考えています。

上に行けば行くほど、レベルが高くなっていきます。

らせんの大きさや高くなる周期は人それぞれで、同じ人でも時によって変わるし、同じところをぐるぐる回っている場合もあります。それは、レベルの変化のない時です。

初めは上向きのらせんでも、途中から下に向かって落ち込んでいくこともあります。

そして、らせんの一回りの中で、同じ縦の軸上では同じような出来事が起こっていると考えています。どの高さのレベルにいてもよいことも悪いことも起こるし、さらに今いるらせんのちょうど真下の地点では、今と同じような出来事が起きていたということです。

トラブルを例にあげて考えると、左のイラストのA2点で起こったトラブルは、その真下のA1点と同じような種類の問題ということになります。人間関係、仕事関係、金銭関係…など同じ分野のトラブルで、「なんだかまた同じようなことやってるよ…」「前にもあったよね、こんなこと」と感じる時です。

でも、A2地点のほうがA1地点よりらせんが上、つまり精神レベルが高いので、前回と同じようなことが起こっても、過程や結果が違ってきます。

以前より早く解決したり、思わぬ展開があってよい結果で終わったり、いやな思いをするのも前回より少なくて済むはずです。

例えば、ある人がA1地点で仕事関係のトラブルを起こして、上司から注意を受けたとします。同じ一回りの中のB1地点では人間関係のトラブルを起こし、友だちのいざこざに巻き込まれていやな思いをしました。

しばらく時がたって、この人は自分のレベルを上げたので、前よりは上のらせんに登っていました。以前よりレベルが高いので、前にも似たようなことがあったなあと感じるトラブルがまた発生しましたが、情況が少し違います。

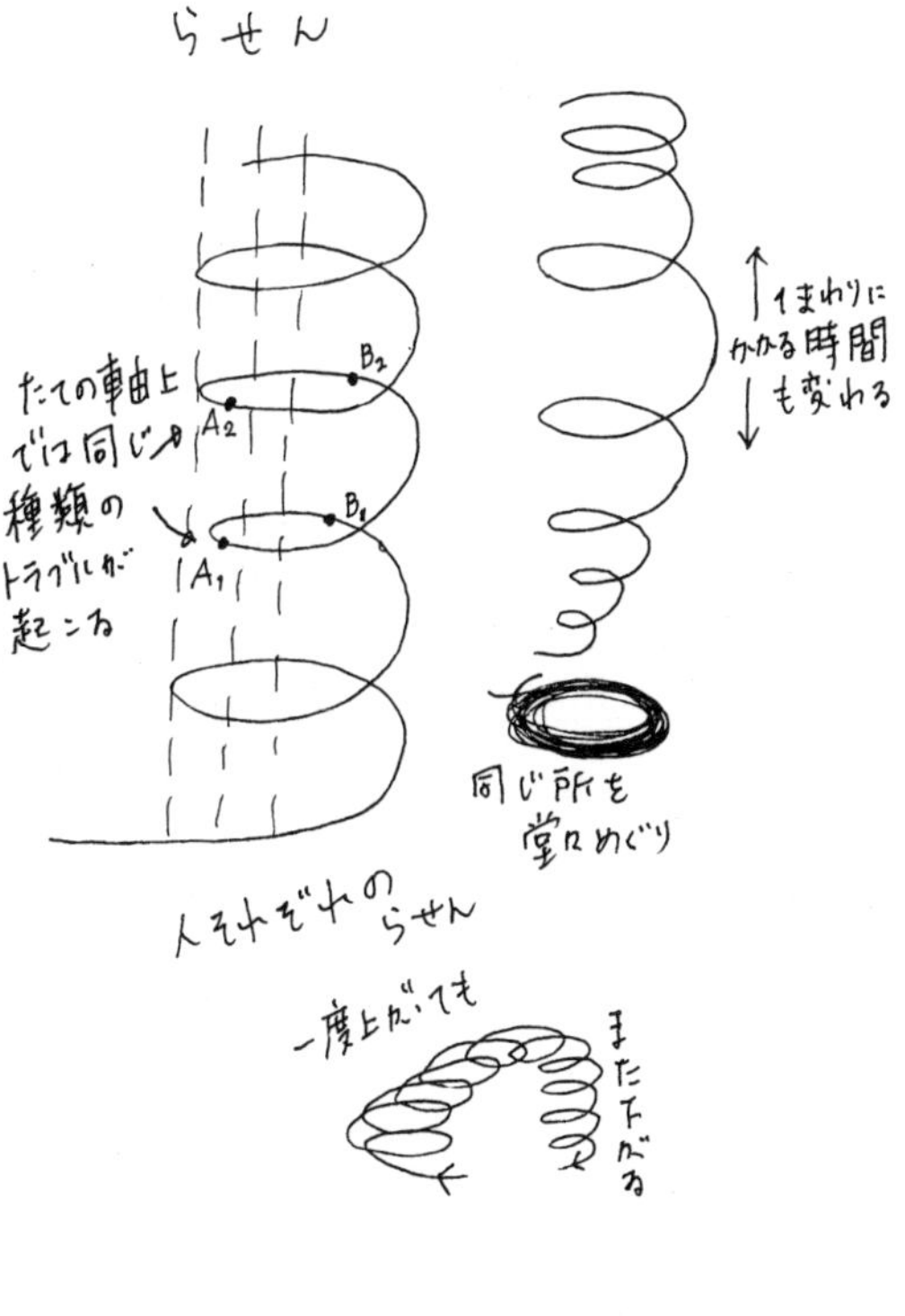
らせん
たての軸上
では同じ
種類の
トラブルが
起こる
A_2
B_2
A_1
B_1
1まわりに
かかる時間
も変わる
同じ所を
堂々めぐり
人それぞれの
らせん
一度上がっても
また下がる

A2点の仕事関係のトラブルでは、仕事が失敗しそうになった時に助けてくれる人が出てきてうまくいき、B2点での人間関係のトラブルでは、友だちといざこざを起こしそうになる前に気がついて、お互いがいやな思いをしなくて済みました。

このように、どのレベルでもいやなことは起こりますが、レベルが上がるとそれをなんなくクリアーできるようになるのです。「ちょうどいい」というタイミングのいい何かが起こるからかもしれませんし、自分のまわりにあった情報を敏感にキャッチして行動できたからかもしれません。

でも、また以前と同じような問題と結果を繰り返していやな思いをしている人は、レベルがらせんではなく、同じところを堂々めぐりしているのです。

だから、そのレベルなりのトラブルがやってくるのは、その人への「お試し」なのです。

簡単に乗り越えることができるか、また同じような経過をたどって堂々めぐりをするか、試されているのです。

「またか」と思えるトラブルと結果を繰り返している人は、考え直すべきです。同じところをぐるぐる回っているので、しばらくたつとまた同じようなことが起こりますよ…。

同じレベルにいる人は、起きるトラブルも似ている

精神レベルの「らせん」は一人一人あるものですが、同じ高さのらせんにいる人同士は、起こるトラブルや抱えている悩みも似ているものになります。レベルが同じだからです。

例えば、全く違うレベルの人たちが、同じ金銭関係について悩んでいるとします。

ある人は「働いても働いてもお金が足りない」と悩み、違うレベルにいる人は「莫大な遺産について相続の争いが絶えない」と悩んでいました。

前者から見れば、「贅沢《ぜいたく》な悩み、そんなもの悩みではない」と感じるかもしれません。でも後者にとっては、目の前で起こる争いに日々翻弄《ほんろう》され、身内のみにくい場面を目の当たりにして、精神を病むことになり得る問題なのです。

どちらのほうがより憂うつかということではありません。違うレベルの人同士の悩みは、同じ分野でも質が違うということです。

お互いにレベルの違う人のトラブルは自分の世界には起こり得ないので、その情況も

気持ちもわかりません。逆に言うと、自分と同じような問題が起こっている人というのは、自分と同じレベルと言えると思います。

レベルの低い世界の人同士のもめごとやトラブルは、レベルの高い世界にいる人には起こり得ない、理解できないことです。

レベルの低いAさんの話を、レベルの高いBさんが聞いていました。

「ちょっと仕事ができてかわいいからって調子にのってる子がいて、むかついてたんだけど、この間その子が携帯を置きっぱなしにしてたから、メール読んじゃったのね。そしたらね、上司と不倫してたのよ〜」

黙って話を聞いていたレベルの高いBさんは、後でわたしに言いました。

「ねえ、人が携帯置き忘れた時に、中を見ちゃおうなんて、思いつく？」

Bさんにしてみれば、不倫をしていることが信じられるか、信じられないかということの前に、仕事ができてかわいいからって、なんでAさんがその人に腹を立てなければならないのか、だれが忘れた物であったとしても、それをいない間にこっそり見てしまおうという感覚自体わからない、思いつきもしないことなのです。起こり得ない状況なのです。腹を立てるに値しない、小さなことなのです。

もしこれをAさんに言ったとしても、Aさんにとっては当たり前の感情だから、Bさんの言っていることが理解できないでしょう。

この自分が当然と思っている「当たり前」の違いが、レベルの違いだと言えます。

腹を立てる事柄を比べても、レベルの高い人と低い人同士の話は噛《か》み合いません。**レベルの低い人は、小さなことに対してすぐ腹を立てます。**レベルの高い人からすれば、なんでそんな小さなことで腹を立てるのかわかりません。レベルの違う人同士の仲が、自然と薄れていくのは当然ですよね。

レベルの違う人同士が話をしていても、かみ合うわけがありません。

前述の、「レベルにあまりにも差がある人とは出会わないし、知り合っても長続きするわけがない」というのはこういうことです。

「占い」の考え方

自分の未来は一〇〇パーセント自分がつくっていくものだとすると、「占い」の類《たぐい》というのは、何なのでしょうか。

占いが当たるか当たらないかということは、わたしには言えません。統計学的に大きく分ければ、当たるかもしれません。

ただ一つ言えること、それは、**悪い結果を聞いた時、それを自分が気にしてしまうとしたら、占いを聞く必要はない、ということです。**

「来月、よくないことが起こります」と言われた時、起こらないように注意する心構えで普通に暮らしていればいいのですが、やっぱり人間の心は「あんなこと言われた。何が起こるんだろう」という不安と心配で、心をいっぱいにするはずです。心が暗くなること自体、その人にはマイナスです。

逆に、よいことを言われればその気になるので、よいことだけを聞くようにすればいいのですが、なかなかそうもいきません。

本来、占いの結果がどう出ようと、起こることはすべて自分の心が作りだしていることです。何度も書きましたが、「運」も自分の心の態勢でどうにでも変えられます。かなえたいことも、現実として明確に思い描いて「型」にしてしまえば、実現できないことはありません。

これらがわかっていても、占いでいやなことを言われれば、やはり気になるものです。

自分がこうなりたい理想について、「それは本当は、あなたには向いていないですねえ」なんて言われたら、いやですよね。

でも、レベルが上がると、とにかくよいタイミングで動くことができるようになっていて、必要な情報がどんどん入ってくる心の態勢になっているので、占いに関しても、タイミングのいい時にタイミングのいいことを聞くことができるのです。

例えば、起業を考えている人が、いつ起こせばいいか、時期を聞きに行ったとします。「今は時期が悪いから、あと二か月待ちなさい」と言われたら、待ちますよね。でも、「あと五年待ちなさい」と言われたら、そんなには待っていられません。

レベルの高い人には、「半年待てばよかったのに…」とか「五年待ちなさい」というタイミングの時に占いでみてもらうということにはならずに、待てる時期に自然と聞きに行くようなタイミングがめぐってくるのです。

結局、すべては「タイミングが操作される」という話に行きつくのですが、「起業したい」「これをやりたい」と思う正にその時に、ちょうどいいアドバイスを聞くことができる、これもその人のレベルなのです。

レベルが上がっていると、悪い時期には不思議と本人がそれをやりたいと思わない、だから占いでも今は悪い時だ、と聞くことにはならないという仕組みです。

それをやるとよい時に、自然と自分がやりたいと思い、行動できるようになるのです。

よく「人にはその人なりの器《うつわ》がある」と言われますが、小さな器でもプラスでいっぱいに満たされている器と、大きな器でもマイナスがほとんどの器ではどちらがよいでしょうか。たとえ小さな器でも、あふれんばかりのプラスで満たされていれば、プラスのパワーの効果で、目標が達成されます。

また、方角をやたらと気にする人もいますが、いくら「今は南へ行くといいですよ」と言われても、行けない時もありますよね。

でもレベルを上げておくと、「今は南へ行くのがよい」と知らなくても、知らない間に南へ旅行していたり、言われた時に南へ行ける状況だったりします。

占いは、よいことを聞いて自分のプラスの考えを盛りたてるように賢く利用するべきで、悪い予想を聞いて自分の心を暗くしては意味がないし、レベルが高ければ、タイミングのいいことを聞くことができるのです。

第5章

レベルを上げるチャンスは逃がさない

Never Miss The Chance To Improve Your Level.

トラブルはレベルアップのチャンスと考える

人のレベルは、一瞬でもマイナスのことを考えたり口に出したりするだけで、ストンと下がります。下がったまま停滞していると、なんだかうまくいかないということが日常生活の中に増えてくるので、「あ、下がっているんだな」とすぐにわかります。でも一度上げるコツを覚えれば、一瞬下がっても、すぐに上げることができるようになります。自分でコントロールできるようになるのです。

人のレベルはらせん状なので、一回りして同じところ（同じ縦軸上）へ戻ってくると、同じような種類の問題が再び起こります。逆に言うと、自分に起こる問題の種類に注意していれば、自分のらせんが一巡したことがわかるようになってきます。

ここ数年にわたしに起こった大きなこと、仕事や友人や恋愛などの大きな動きを順番に書き出してみました。

そうしてみると、しばらく時がたった頃に、昔と同じような種類のことが起こっているのがわかりました。「ここで一巡したんだなあ」というターニングポイントが見つかるのです。一巡にかかった期間は一年だったり三年だったりして、変わることもわかりました。

一巡したなと思う時、以前の自分と同じらせんの位置にいるか、少しレベルが上がっているかは、前に起こった問題を思い出せば自分が一番よくわかるはずです。レベルが上がっていれば、前回よりスムーズに解決するからです。

わたし自身、学生の時よりは精神レベルが上がっていると思うので、例えば学生時代と同じような人間関係のトラブルが起こったように感じても、あの頃よりは簡単にクリアーできます。内容や質も変わってきたと思います。

それはもちろん、心の中がプラスのパワーでいっぱいになる考えをしているから、プラスのパワーがマイナスのトラブルをやっつけてくれているのです。

つまり、起こったトラブルを前向きな姿勢で乗り越えようとする時、人は自分のレベルを上げる行動や考え方をしています。だから、目の前にあるトラブル（お試し）をプラスのパワーで解決した時、レベルが一つ上がるのです。レベルが上がるから解決する、解決するからまたレベルが上がるのです。

レベルが上がった時にレベルの低かった時のトラブルを思い返すと、「なんであんなことでゴチャゴチャやっていたんだろう？　くだらないなあ、自分が低かったんだな」と感じます。

上のレベル（らせん）から見ると、下のレベルのやっていることは丸見えなのです。だからレベルの高い人が低い人の争いごとやトラブルをのぞくと、「よくまあ、あんなくだらないことで…」と思ったり、何に腹を立てているのか理解できないことすらあります。大人が子供のけんかを見ているようなものです。

あの時はわかっていなかったなあ、と自分の低さを反省できる時、レベルが上がった証拠です。逆に、以前のトラブルを思い出すと今でも腹が立つ、相手がいる場合は、相手のことがまた腹立たしく感じる、というのはレベルが上がっていない証拠です。同じらせんの上をグルグル回っていて進歩がありません。

トラブルをクリアーして心がすっきりすると、自分のレベルが上がったことがはっきりとわかります。第4章で書いたようなことが身のまわりで次々と起こり始めるからです。

だから、**いやな事が起こった時というのは、自分のレベルを上げるチャンスなのです。**「よし、これをクリアーすればまた上に上がれるぞ」と考えればいいのです。

レベルの低い人達

そのトラブルをクリアーするのも、それほど大変なことではありません。何度も書いたように、その時対処できることをやったらもう考えないこと、あとは、まわりに明るい気持ちで楽しく暮らしていればいいのです。**ひがむ、ねたむ、愚痴を言うなどの消極的なマイナス思考をやめて暮らせば、あっという間に解決です。**「精神レベル向上のための修行」なんて、難しく考えることではありません。

単に「プラスにつなげよう」と捉《とら》えて、起こったトラブルの中に今の自分に対しての情報がないかどうか注意深く考えるのです。すると「あ、これだ」ということが見つかるはずです。いやなことの中にも、今の自分に対しての情報はちゃんと入っています。

または、「わたしが同じように考えていたから、起こっちゃったんだな、呼び寄せてしまったんだな」という、自分の中にもあった原因がわかるはずです。

起きたこととの中に自分への情報が詰まっていることに心から納得すると、乗り越えるのが一気に楽になる、これが「起きたことを乗り越える」コツです。

レベルがさらにさらに上がっていくと、起きたトラブルの解決するサイクルがどんどん早くなってきます。

今日起きたいやなことが、次の日にはもう自然と解決される、という具合です。悩む暇もありません。とにかく、あっという間に自然に解決するようになるので、ストレスなどは一切感じなくなります。

うまくいったら感謝をする

レベルが上がって、前述のような「なんてタイミングがいいんだろう」ということが身のまわりに起こり始めた時、自分の理想に一歩ずつ近づいて行く時、「感謝をすること」が、自分のレベルをさらに上げることになります。

わたしは聖人ではありませんし、「いつも感謝の心を持ちましょう」なんてことを言うつもりはないのですが、「感謝しましょう」と言い聞かせなくても、あまりに都合のよいことが次々と起こると、「すごいなあ、ありがたいことだなあ」という気持ちが自然とわき起こってくるのです。

自分の夢を実現させた成功者の話には、よく「とにかく信じられないほど運がよかったから、思わずなにかに感謝した」という類《たぐい》の話が出てきます。

信じられないラッキーなことが重なって見えない力の存在を感じると、「感謝せずにはいられない」という気分になるものなのでしょう。わたしもよく、「本当にありがたい。何かに守られているな」と思える瞬間があります。

自分の理想が実現するには、時間のタイミングや、人の動きや、そのような目に見えないものの動きがすべてうまくいった時にかなうものです。うまく動いてくれたまわりの人や物事、今の自分の状況すべてに、「ありがたい」と思わなくてはダメですよね。

それを、「頑張ってきたんだから当然」と、全部自分一人の力でやりとげたかのように感じていると、レベルはそこで停滞（または落ちる）して、次のよいことはめぐって来なくなります。

よいことと悪いことは交互にやってくるから、今うまくいっていると次にいやなことが来そうで怖い、こう考えている人がよくいます。

これは、その人のその思いが、そういう現実をつくっているだけです。それと、うまくいった後の感謝が足りないのだと思います。

物事がうまく運んでいる時に自分の中に生まれる、「ここで油断してはいけない」という思いに縛られているだけで、レベルを上げ続けていれば、よいことの後に悪いことなんか起こりません。

ある日突然「玉の輿《こし》」の結婚をする、贅沢《ぜいたく》な生活を送っていたら会社の倒産で貧乏のどん底を経験する、借金取りから逃げながら子供を育てる、家族や大切な人の悲惨な死を経験する、大病をする、というような人生を送る人がいます。一人の人生の中に、他の人が一生かけても味わわないようなことが詰まっています。

こういう人は、幸せな時の状況が、自分の精神レベルに合っているから自然と成就したのではなくて、それこそ降ってわいたようなラッキーなことだったのだと思います。宝くじに当たってしまったようなものです。本来なら自分のレベルとは分不相応だったにもかかわらず、その世界に入ってしまった…。

だから、信じられないようなラッキーなことが起こった時は、「ありがたいことだなあ」と感謝して、その状況にふさわしい自分になるように、レベルを上げるべきなのです。

でも、とかく思いもかけない世界が広がってきた時、人間は欲が深いので、だんだんとそれが当たり前のようになってきますよね。

でも、新しい状況に応じて、レベルもそれにふさわしいものにレベルアップしないと維持できません。**低いレベルのままでいると、突然よいことが降ってきた時と同じよう**

に、今度は思いもかけない不運が回ってくるのです。

それまでの自分では知り合うことができなかった高レベルの人たちと知り合えた時も、「本当にうれしい、ありがたいな」と思って、レベルを上げる努力をしながら生活していれば、その人たちとの縁は切れません。

かなえたい理想の状況も、感謝してこそ実現する

よいことが続けて起こる時、人はうれしくて浮かれるので、つい感謝するのを忘れてしまいます。自分に自信がついて、なんでも自分の思いどおりにできるような気になったり、意気揚々とした態度で振る舞うようになります。さらには、実現できた状況に満足できずに、もっと上を望みたくなります。

もちろん次の目標を設定するのはよいのですが、その前に、実現した現状に心から感謝しなくてはいけないと思います。

「自分の力だけで達成した」と思い込んでいれば、そこまでです。

そのうち、いろんなタイミングがずれていくでしょう。そして、まるで「ツキに見放

された」ようにいいことが起こらなくなるのです。

でも、見放しているのはツキではなくて、自分のほうです。自分一人だけでできると思って、助けてくれようとしているいろいろなパワーに感謝するどころか、無視しようとしてしまったからです。こっちが関係を切ってしまったのです。

そして、いろいろなものを失い始めた時に初めて、今までのありがたさに気付くのです。今まで意気揚々としていたのが急に弱気になって、やっといろいろと考え出すのです。病気になって初めて、健康がどんなに感謝すべきことか気付くのと同じです。**いいこと続きの時にこそ、いろいろなことがめぐりめぐってうまくいったことに感謝すべきなのです。**

自分のかかげている理想の全部はまだだけれど、その半分は実現したという時も、やっぱり喜ぶべきこと、感謝しなくてはいけないことです。

だって、それが全くかなっていなかった時の自分を考えれば、充分ありがたい状況になったわけですよね。

でも、本人にしてみると、「自分の最終目標の半分しかかなっていない」という気がある、だから満足できないのです。たとえ半分だけでも、素晴らしいことが実現していることに気付かないのです。

それだけでも、もう充分昔に比べればうれしいことなのに感謝しないでいると、いつも何か足りない気がしたり、ハッピーな生活が送れないようになってしまうのだと思います。

ある程度の「欲」は自分を向上させるのに必要なものですが、それを手に入れるのにふさわしい精神レベルも同時にアップさせないといけないのです。

「感謝をする」ことは、理想が実現した時だけでなく、思い描いている途中の段階でも必要なのです。

自分の理想を考える時、なりきった自分を思い描いているだけではなくて、もうそうなるのは決まっているのだから、本当にそうなれて、ありがたいなあと感謝するところまでいかなくては、本物ではないのです。

実現した状況を喜んで、それに心の底から感謝する気持ちがわいているところまで、現実のようにイメージしなければ、実現しないと思うのです。

「感謝をする」というのは、実現したことを認めて、本当にその現状に満足しているということだから、そこまで思い描くことができれば、揺るぎないですよね。

実現して大喜びな自分プラス、それを心から感謝しているわたしまで思い描こうと思います。

直感を信じて行動に移す

パッと心に浮かぶ「直感」は、だれにでもあると思います。

理由や根拠はいまいち説明できないけれど、なんだかとにかくそう思うこと、ふと心に浮かぶことです。でも、なぜそう思うか理由がないわけですから、それを信じたり、ましてそれを行動に移すことはなかなかできません。

でも「直感」は自分にやってきた「情報」です。

パッと開いた本の一文や、ふと目に止まる言葉と同じように、「直感」も自分のまわりにきている情報で、自分に必要だから思いつくのです。

心の中にフッと浮かぶことは、自分が意識して考え出したことではありません。そこに個人的な感情はないわけですから、見えないところからわたしたちに知らせようとしていることなのです。

レベルが上がると「直感」が冴えてきて、便利な情報がどんどんやってくるようになります。

でも、気付くだけではダメです。行動に移さなくては、せっかくの情報も無駄になってしまいます。

「直感は意味もなく思い浮かぶことではなくて、自分に必要な情報だ」とどうしてわかったかと言うと、直感を実行してみたら、なんでもたいていうまくいったからです。

わたしは身のまわりの小さなことでいろいろ試しました。

例えば、一日暇な日があって何をやろうか考えた時、心の中にフッと浮かぶことをやるのです。でも、根拠もなくフッと浮かぶことですから、それがデパートに行くとか、映画を見に行くとか、そういうことならいいのですが、たまに自分でも「え？」というようなことを思いついたりするんですよね。

お昼近くになってから、急に横浜の元町になんだか行きたいと思ったり（東京に住んでいるので、元町は気軽に出かけられる距離ではないのに）、きのうも行ったのにまた祖父母の家に行きたくなったり、どこでもいいから車で走りたくなったり、急に料理がしたくなったり…。

でも、「お試し期間中」だったので、「なんでこんなこと思いつくんだろう?」ということにも、できるだけ忠実に行動してみました。

すると、だいたいが、行った先で思わぬ人に出会ったり、探していた何かを見つけたり、行ってよかったなあ、と思う結果になるのです。

・雨が降っているし買い物の気分ではないけれど、なんだかデパートが浮かぶ↓行ってみたら、今日までに買っておかなくてはならなかった物を思い出した。
・きのうも行ったのに祖父母の家に行ったほうがいい気がする↓久しぶりのいとこがたまたま遊びに来ていて、知りたかった情報を聞くことができた。
・なぜか気が向いて、昔のファイルを整理したくなった↓次の日にそのファイルが急に必要になった。
・お出かけ日和だけど、部屋の掃除をしたくなる↓急に友だちが遊びに来た(掃除しておいてよかった〜)
・出かける予定はないけど、美容院に行きたくなる↓セットしてもらっていい気分でいたら、食事の誘いの電話が入る。

「わあ、ちょうどよかった」という結果になるのです。4章で書いたような、都合のいい、タイミングのいいことにつながるのです。

「直感」は情報で、意味があるからひらめくのです。自分の心が、自分にとって意味のないこと、ましてやマイナスに働くようなことを思いつくわけがないのです。

だから心に浮かんだことは、いろいろと考えないで、まずはやってみたほうがいいと思います。

直感を行動に移せば、必ずいいことが起こるという保証はありません。でも、たとえ「え?」と思うようなことがひらめいて、どう考えても意味がないことのように感じても、どうせならやってみてもいいのではないでしょうか?

直感は心でひらめくことです。たまに、「これはいろんな状況を組み合わせて、わたしの頭が考えていることなのか、直感なのか」がわからなくなってきます。

それでも行動に移していると、どういう時に思いつくことが直感で、どういう時が頭で考えたことなのか、わかるようになってきます。

自分がどのような状態の時に思い浮かんだことがうまくいったかを覚えておくと、「直感」と「頭で考えたこと」の違いがだんだんわかってきます。感覚でつかめてきます。何も根拠がないのに、なんでだかものすごくそう思うこと、突然フッと心に浮かぶことが「直感」のような気がします。頭でいろいろ考えた結果思いつくことではありません。

そして、直感は思いついたその時にやらなければ意味がないこともわかってきました。意味はわからないけれど、とりあえずやってみたら、「今行動に移したからこそ意味があったな、ずれていたらだめだったろうな」ということがよくあるのです。

だから、例えば突然何かを思いついた時、「明日のほうがいいかもしれない」「どうせ行くならそっちのほうに用事がある日にしよう」とか頭で考えていると、次の時にはもうそのタイミングがずれているので、うまくいかないことのほうが多いと思います。

ふと浮かんだその時がタイミングであり、「直感」であり、「情報」なのです。

わたしが直感で動いたこと

わたしが今までの二十四年の人生の中で一番直感で動いたことは、卒業後の留学先の決め方でした。

はじめは、イタリアに留学しようと思っていたので、場所も滞在先も学校も手配して、それなりの準備をしてきました。ところが、コソボ紛争の影響で都会の治安も悪くなってきたために、現地に住む知人から「しばらく延期したらどう?」と言われてしまったのです。せっかくやる気満々で準備していたわたしにとって、いつ終わるかわからないものを待っているのはすっきりしない気分でした。

それなら「紛争が終わるまで別の国に行こう」と思ったのですが、なぜだか、すぐにロンドンが頭に浮かんだことと、その頃、人からイギリスの話を聞く機会が多かったので、「これも人の口から伝わる情報かも」と思い、一週間後には出発してしまったのです。

でも、これが本当によかったという選択で、イギリスに行ったおかげで一生のめり込めるやりたいことが見つかって、結果的にイギリスに行って得たことは、すべてが無駄にならなかったのです。

「まわりの人にも説得力のある説明はできないし、イギリスに行って何があるってわけじゃないしなあ」とも思いましたが、直感を信じて正解だったんです。

直感を信じて行動することは不安です。なぜ不安なのかというと、根拠がないからです。そう動く説明ができないからです。

直感ではなんか入ってみたい。
どうしようかな〜
でもそういうガラじゃないしな。
実は建てかえを…
建築関係
やっぱり意味あった….

本当は、「なんだかこうしてみたい」ということに理由はいりません。直感は自分に必要だから思いつくことだ、と一〇〇パーセント信じていればいいのです。

それでも行動しながら不安になると困るので、慣れないうちは、自分が安心して実行に移せる根拠を無理やりつくればいいのかもしれません。

わたしにとって留学先（しかも国）を変えることは一大事だったので、パッとイギリスが浮かんだ時も、自分を納得させるような理由を後からいろいろ考えました。

・イギリスに行けば、昔ホームステイしていた家族に会いに行ける
・今留学しているあの人から、いろいろ話を聞くことができる
・一度は行きたいと思っていたセントアンドリュース（ゴルフ発祥の地）に行ける
・ユーロスターでドーバー海峡をくぐれば、簡単にヨーロッパ旅行ができる
・コソボ紛争が終わったら、すぐにイタリアに移動できる

などなど、今思えばかなり苦しいあとづけ理由なのですが、それでもあの時は直感を信じてイギリスにしたかったのです。

でも本当は、「なんだかわからないけど」というのが、何よりも強い理由なのです。頭ではわからないけどそう思うということは、見えないところから降ってきている情報

ですから、「なんとなくそう思う」ことが、本当は一番説得力がある説明なのです。

理屈を捨てて、たまには単純な人になろう

理屈っぽい人は、直感を行動に移すことができにくいと思います。それを行動に移す理由はなんなのか、ということをまず考えるからです。

「プラスのパワー」も「言霊《ことだま》の力」も、その効果が本当にあるのかどうか、ということを考え出したらそこでとまってしまうし、その効果を実感することもないと思います。「信じるものは救われる」と言うと宗教じみているかもしれませんが、結局、心がそれを受け入れる態勢になっていれば、なんでもあり得るということです。「病は気から」という言葉がありますよね。その人の心が「治る、治りたい」と思わなければ、治るものも治らなくなってしまう、それほど意識の力は強いのです。

意識の力があることに気付くだけでなく、それを自分の生活に利用するには、理屈をこねていちいち理由付けをしていないで、単純になること、テレビドラマの中に出てきそうなせりふですが、自分の心に素直になることです。

「これをやるといい気分だからやってみた」

「あそこに行きたくなったから行ってみた」

「なんとなくこっちがいいから、こっちを選んだ」

「あの人に電話したくなったからかけてみた」

単純な人は、自分の気分に対しても素直なので、知らぬ間に直感に沿うような行動をしているのです。

「あそこに行きたい」と思いつく時、まず頭で考えて「まてよ、それなら先にこっちに行って、その前にまずあの仕事を片付けて、○○に電話しておこう」とかやっていると、もうチャンスを逃します。せっかく絶妙のタイミングでひらめいているのに、頭で考えているから逃してしまうのです。

でも、初めはこういう風に考えたくなるのも無理はありません。それをやって何かよいことが起こるかどうか確信していないからです。でも、**自分の心が自分に都合の悪いことを思いつくわけはないので、思いついたことを疑わず、素直に単純に従ったほうがいいのです。**私が自分で、いろいろと実験した結果言っていることです。

なんだかやってみたいと浮かんだことを実行することは、自分のやりたいことをやるわけですから気分がよくなります。自分が気分のいいことをやることは、プラスに決まっています。だから「直感」を情報として生活に取り入れると、**物事がますますうまく流れるようになって、さらにレベルが上がるのです。**

自分には直感がないと思う人は、それに気付いていないだけです。何かが浮かぶ時は誰にでも必ずあるのですが、頭で理屈っぽく考えているので、心にとめずに流してしまっているのです。心がかたくなになっていると、降ってきている情報にも直感にも気付けません。

心を柔軟にしておくと、ひらめきがどんどんわいてくるので、それを迷わず行動に移して、物事をよい方向だけに流すことです。

自分にできないことはやってこない

「自分のまわりには自分のレベルにふさわしいものしかやってこない」

「自分のまわりには自分に必要な情報が降りてきている」ということから考えると、自分に無理なことは絶対にやってこないことになります。

いいことも悪いことも、自分に起こることで、「わたしにはできない、乗り越えられない」ということはないはずです。悪いことはプラスのパワーで乗り越えれば済むことですし、自分が招いていることなので、考え方一つで回避することができます。

悪いことは自分をレベルアップさせるためにやってくる、いいことは自分の器《うつわ》にふさわしいことしかやってこない、ということは、自分にできないことが自分のレベルに起こるわけはないのです。

人からの頼まれごとや誘いもそうです。自分のレベルが上がると、今までにやったことのない新しい話や誘いがいろいろやってきます。

買いかぶられているように感じたり、やったことがないので尻込《しりご》みしたくなるのですが、自分にできない話がくるわけはないので、勘ぐらずに、気楽な気持ちで何でもやってみたほうがいいと思います。

誘いに対して「そりゃ、できればうれしいけれど、わたしにはとても無理だわ」と思う必要はありません（もし謙遜《けんそん》で言っているのだとしたら、前にも述べたようにそれはマイナスの言葉です）。だいたい、お願いする側にしてみても、あまりにも不可能なことを頼みはしませんよね。

「やってみたいけど、うまくいかなかったら困るしな」というマイナスの想像をする必要も、もちろん全くありません。自分に来る話で、自分にできないことはないはずなのです。

レベルが上がると、今までの自分よりすごい自分になっているはずだから、確かに今までの自分ではできなかったかもしれないけれど、もうできるようになっているはずです。レベルアップと同時に、目に見えないタイミングや人の動きが操作されているので、試しにやってみたらできちゃった、という結果にきっとなるはずです。

それに、世の中のことは「自分が想像していたほど大したことはなかった」ということがほとんどな気がします。自分がつくりあげている想像のほうが、現実より大げさなんですよね。

例えば、わたしの全く想像のつかない分野の仕事をしている友だちの話を聞いて、「よくできるよねえ、そんな難しいこと、やっぱりすごいよ○○は…」と思うこともありますが、彼らもいきなり最初からその仕事を任されたわけではないはずです。それを目指して努力して、研修期間があって、だんだんと経験を積んできたから、今できているのです。

そう、物事には順序というものがある、っていうことです。

でも結果と現状だけを聞くと、自分と比べて相手がすごく先に進んでしまっているような気になります。最初から彼らにその能力があったかのように考えてしまって、自分が勝手に作り上げているイメージや大変さに縛られていることに、気付かないのです。

とにかく、自分にできないことは絶対やってこないのです。

引き受けた以上は本人も全力を尽くして準備をしますから、たいていなんとかなるものです。できないと思って断るのは、自分の心が勝手にそう思い込んでいるだけです。

またも、すべては自分の心次第です。

今までの自分がやったことのないような新しい話が舞い込むようになった時は、レベルの上がった証拠です。できなさそうなことがやってくるのはありがたいことで、レベルアップのチャンスです。

それでも迷った時は、自分の心の本音に従うことです。本当はしてみたいけれど自信がないというならば、本当はしてみたいのですから、してみるべきです。

自分に必要だからやってくる話なので、これが何かのきっかけとなり、新しい世界が開けていくかもしれません。何がどういう結果になるかわからないわけですから、尻込《しりご》みしないでプラス思考でやるべきです。

「情けは人のためならず」

「情けは人のためならず」。この言葉をわたしは、「人に情けをかけるのは、その人のためにはならない」という意味だと、なんと高校生になるまでそう解釈していました。

本当は「他人を思いやることは、結局自分に跳ね返ってくる」という意味ですが、プラスのパワーを意識するようになってから、この言葉の真の意味がようやくわかってきたような気がします。

自分の心を喜ばせて、悩みがない明るい状態に保っておくことは、自分のレベルを上げることになります。人を思いやる心は、その人のためどころか、実は自分の喜びにつながるのです。

だって、人に親切にして喜ばれた時に、腹が立つ人なんているでしょうか。「ありがとう、うれしいわ」と言う友だちを見て、「喜ばせて損した」なんて思う人はいませんよね。人に思いやりの気持ちで接して相手が喜んだ時、この時の幸せは、本当に両方が幸せを感じます。誰でもどんな人でも、共通に感じるものです。

逆に、人に対していやな感情を持って行動した時、必ずあとで自分がいやな気持ちになりますよね。人の傷つくことをグサッと言うと、あとにはマイナスの感情が残ります。人を思いやるのは「人に親切に」と言うより、結局自分の心を喜ばせることになる、すなわちレベルが上がるのです。

わたしの友人で、自分にやってくる楽しいことや面白いことを、誰に対しても惜しみなく、人と共有できる人がいます。何か楽しいことがあれば人を選ばずにみんなを誘ってくれる、自分のところにきた話をすぐにまわりの人に広げてくれる、なかなかできることではありません。

この人のところには、まわりに広げたことで楽しいことが減るどころか、ますます集まってきます。本人がまわりに与えているから、自分にも与えられるんですよね。

「あの人に親切にしておけば、何か得があるかも」と思ってするのではもちろんありません。人に親切にすることは、自分の心を喜ばすことだ、ということに気付くべきなのです。このほうが「楽」ということです。

そう、だから、人に情けをかけることは自分の心を喜ばすこと、自分の心が喜ぶことは自分のレベルアップにつながることなのです。

人をほめることは自分をほめること

「人をほめる」。これもレベルを上げるコツです。

べつに、おべっかを使っておだてるわけではありません。相手のいいところを、素直に認めて言うだけのことです。

相手をほめると、気分がよくなりますよね。聖人ぶっているわけではなくて、人に優しくするのもほめるのも、全部自分の心が喜ぶことをやるだけです。

「あの人のこういうところって、すごいのよ」とほめた場合、まわりから見ると、ほめられている人より、ほめている人の人格のほうが目立ちます。**他人をほめることは、自分をほめることになるのです。**

相手が自分より優れている時、なんでもうまくいってしまう時、うらやましさが先にたって嫉妬《しっと》したり、素直にほめられない人がいるものです。でも、そんなことで腹を立てたりしても、自分の状況が変わることはありません。マイナスの要素をため込んで、ますますいやな気分になるだけです。

だったら相手をほめてあげたほうが、お互いのためにいいことが起こる、ということに気付くべきです。

自分のレベルを上げるには、道徳的な難しいことを考える前に、まず自分の心が本当に喜ぶにはどうすればいいか、に注意すればよいのです。

「自分の心を喜ばすために、トラブルを乗り越える」

「自分の心を満足させるために、パッと思いついたことを実行する」

「まわりの人が喜ぶ行動をすると、自分もうれしくなる」

「うれしいことがあったら素直に感謝をする」

プラス思考も自分のレベルアップも、自分の心を喜ばせる行動と考え方をしていればいいのですから、こんなに楽なことはないはずなのです。

そして、心がいつも明るくていい気分だとプラスのパワーが多くなってトラブルが消え、レベルが上がって、どんな理想も現実になるのです。

第6章

そして、川の流れのように生きる

And Live Like The Stream Of The River.

物事をありのままに受け止める

今まで書いてきたことをまとめてみると、結局、物事はあるがままに受けとめるのが一番よいということになります。自分に起こることはすべて自分のレベルにふさわしくて、その人に用意された物事だからです。

自分にふさわしいよいことが起こったり、自分に気付かせるために必要だから悪いことが起こったりするのです。レベルの話がよくわかっている人からみれば、「ああ、あなたの心ならそれが起きるのも当然でしょう」と簡単にわかります。

おまけに悪いことが起きるとしても、その人には乗り越えられないことは絶対やってこないのです。本当にうまくできているのです。

「あるがままに受け止める」と言うと、状況を改善しようとする向上心がないとか、あきらめるように見えますが、そういう意味ではありません。

自分のレベルはなんの努力もせずそのままで、起きてしまったことだけを解決しようと手をまわしてみても、何も解決しないのです。その場は収まるかもしれませんが、自分のレベルが同じ状態だと、しばらくたった時に、また同じようなトラブルが起こるはずです。

悪いことが起きたら、それは自分のレベルにふさわしいこと、自分自身が引き寄せていることを思いだして、淡々と受け止めることです。むしろ、それを乗り越えればレベルアップするのですから、悩む必要は全くないのです。「レベルアップのチャンス」と受け止めればいいですよね。

だから、どんなレベルでも**いやなことが起こるのは、その人がそのトラブルを利用して上に上がれるか、それともまた同じようなことを繰り返して進歩がないか、の「お試し」なのです。**テストみたいなものです。

もう起こってしまったことに自己嫌悪になっている暇があったら、自分のレベルアップに努めるべきです。**自分に憂うつなトラブルが起きた時こそ、プラスのパワーを増やす行動をするのです。**自分がうまくいっている時にまわりに優しくするのは簡単なことで、つらい時こそ優しくする、そうしていれば、プラスのパワーがマイナスのトラブルをやっつけてくれます。

「よいことも悪いことも、自分に起こることはすべて自分が招き寄せている」ことを忘なければ、起こることに一喜一憂することがなくなります。一喜一憂しないし、自分原因だから当然のことなので、あせらなくなります。

原因がわかっていれば、「わたしは悪くないのにどうしてだろう、こんなことが起こるなんて悲劇だ」と大げさに落ち込むこともなくなります。

本人が悲劇だと思っているから悲劇なのです。本人がつらいと思わなければ悲劇でもなんでもありません。すべて、自分がどう受け止めるかです。クリアーすればいいことなので、淡々とプラス思考で受け止めることです。

自然の流れに任せる

何かをうまくいかせたいと思ったら、物事をあるがままに受けとめて自然の流れに任せていることが、一番うまくいく方法なのです。

もちろん「自然の流れ」も、その人のレベルにふさわしい流れなので、人それぞれに違うものです。

レベルの高い自然の流れには、なんの迷いも感じないで乗ることができるし、任せているだけでスルスルとうまくいきます。同じように自然に任せていても、レベルの低い流れだと、なんだか迷いながら進んだり、自然と失敗のほうへ流れていきます。

だから、**自然の流れに身を任せていても、知らない間にうまくいってしまう人と、どうもひっかかって先に進まない人が出てくるのは、自然の流れが同じではないからです。うまくいくような自然の流れをつくるには、プラスのパワーを増やして自分のレベルを上げるしかありません。**

だから「自然の流れに任せる」と言っても、どの流れに乗るかは自分次第です。何も努力せずに放っておくことではなくて、「プラスの行いをして自分のレベルを上げておけば、あとは自然の流れに任せればよい」という意味です。

目に見えない時間のタイミングなども操作されているので、必ずうまくいきます。

「プラス思考で物事を捉《とら》え、直感を信じて行動し、身のまわりのことに不平不満を持たず、余計なマイナスの心配をしないで懸命に努力する…。それでも、なんだかうまくいかない」

こういうことも絶対あるはずです。

でも、「うまくいかない」これこそ、その時の「情報」です。

今はそれにとっていい時期ではないのです。

「今はやめておいたほうがいいよ」と知らせてくれているのです。

だから、これをありがたく情報としていただいて、このようなタイミングの悪い時にもがく必要はありません。なんとかうまくいかせようと手をまわしたり、誰かに連絡をとったり、押し通そうと無理強いすることは、自然の流れに逆らっていると思います。

物事がなんでもスルスルうまくいく時があるように、いまいちだなあという時期も必ずあります。これは、どんなにレベルが上がっていても、「時期ではない時」なのです。

だから、なんでうまくいかないんだろうと思う必要は全くなくて、大したことではないのですから、「まあ、今はそういう時なんだな」と淡々と捉えるべきです。運が悪いと考える必要もありません。

ケーキを食べる気分ではない時においしいケーキ屋さんに誘われても、気が乗りませんよね。それを無理強いされて「どうしても」と言われたら、「今はいいって言ってるのに〜」と普段好きなものまで、どうでもよく思えてしまいます。

逆から考えて、**行動してみたらうまく進まないということは、「動かずじっと待った**

レベルの高い
自然の流れに
のろうよ.
気持ち
いいよ〜

ほうがいいよ」という貴重な情報なのです。この時に無理強いしようとしたら、事態が悪くなるかもしれません。物事をありのままに受け止めるほうがいいというのは、こういうわけです。

では、うまくいかない時にできることはなにかというと、静かに動かずにまわりの動きを観察することです。

動かずに何もしていないと、それに向かって努力していないように思えますが、「静かに状況を観察する」というのが、その時やるべきことなのだと思います。

そうしていると、**状況は必ず変わってくるので、「今がその時だ」というタイミングに自然と気付くはずです。**

どうやって気付くかというのは、前に書いたように、「情報」として入ってきます。人の口を借りて伝わってくるかもしれませんし、突然いい話が来た、という結果になるかもしれませんし、目に見えなくても、その人にはっきりとわかる「情報」として届くのです。

その「情報」や「直感」をつかめば、ここぞという時にタイミングを逃さずに行動できて、うまくいってしまうのです。

人事を尽くして天命を待つ

理想を現実にしたい時、何か達成したいことがある時、すべては「人事を尽くして天命を待つ」です。余計な心配をせずに、プラスのパワーをたくさんにして自分のレベルを上げておく、そしてもちろん努力する、こうして人事を尽くしたあとは、「天命」を待つのです。

努力したあとは自然の流れに任せてみる、この時スルスルとうまくいくか、今は時期じゃないみたいという状況になるか、これが「天命」です。

「天命」とは、天が決める自分に変えられない「命令」ではありません。

わたしたちの物事がうまいほうへ流れるように力を貸してくれる、見えない力のようなものです。

すべて、レベルを上げて理想にふさわしい器《うつわ》になれば、「天命」というパワーが力を貸してくれます。自分の思いの「型」ができたら、そこに入るプラスのパワーを増やすことに努め、あとは天命を待つということです。

よい方向へ転じるような天命をもらうには、自分のでき得る限りの努力をしたあとは、自分の精神レベルを上げるしかないのです。

これが本当の意味での「人事を尽くして天命を待つ」です。

一生、悪い時期が続くことはありえない

なんだかうまくいかない時に、いいタイミングが来るまで待ってみるのは心もとないかもしれませんが、だいたい、**物事がうまくいかない時期がやってきても、それが永遠に続くことはあり得ません。**

なにをやってもうまくいかない時や、思いもかけないトラブルが起こった時、人はズーンと落ち込んで、もう一生これから抜け出せないんじゃないか、と思ったりします。

でも、永遠に変わらない状況というのはありません。

自分が風邪をひいて熱が出て苦しい真っ最中に、「明日もあさっても治らなかったらどうしよう」と思うと絶望的ですが、二日目になると必ず少しよくなっています。

第一日目と二日目では、状況も考え方も必ず変わっているのです。一日目は静かにし

て回復するのを待つ、寝ているだけしかできないのだったら、それでいいのです。

風邪を例えにすると「そんなことわかっている、風邪はいつか治るものなんだから」と思うかもしれませんが、うまくいかない時期にうまくいく時期まで待つというのも、全く同じことだと思います。

風邪で苦しい時に一人であせるより、静かに寝ているほうがずっと回復するのが早いのと同じように、物事がうまくいかない時は、ごり押しして、作為的に手をまわして頑張る必要はなくて、静かに状況が動くのを待つべきなのです。

繰り返しますが、スルッとうまくいかない、これは「今はやめたほうがいい」という情報です。「あなたにこれは不可能です」ということではありません。

「この望みは、まだ自分には時期ではないのかもしれない」と捉《とら》えて、下手にもがかず、自分のレベルを上げることに専念する。こうしていると、見えない力がめぐりめぐって、人の縁や時間のタイミングがちょうどよく操作されて、ある日「スルスルッとうまくいっちゃった」という状況が訪れるのです（もちろん、目の前のことに努力をした上でのことですが）。

この時に必要なのが、「こんな時期はだれにでもあることだから、いつか抜け出すだろう」というプラス思考です。この時にあせって大切な決断を下してはいけないし、やっぱりうまくいかないかもなと、マイナスに捉《とら》える必要もありません。

こんな時こそ、自分の理想を繰り返し思い描き、「すべて自分にとってよい方向へ流れができている」と信じ込んで、待つことです。

「これはこうあるべき」という枠をはずす

物事をありのままに受けとめて、やってくるものこそが自分にふさわしいことだなと考え出すと、「絶対こうでなくてはいけない」というものがなくなってきます。

「今まで自分は、これについてはこうじゃなくちゃいけないと思っていたけれど、それだけが絶対ではないかも…」と思えてくるのです。自分の希望としては右に行きたいのに左に行かなくてはならない時に、「こっちもこっちで悪くないな」と思えるようになると、いやなことがますます消えていくんですよね。

実際、今の世の中、「絶対こうでなくてはいけない」ということって、少なくなってきていないでしょうか。

さまざまな価値判断の基準がでてきて、十年前なら絶対こうだった、ということがなくなってきています。「これが絶対正しい王道だ」と思っていたことが、数年経つとコロッとひっくり返ったりしています。言ってみれば、「なんでもあり」の世の中なのです。ちょっと考えてみてください。

就職や結婚に対する考え方も、何を幸せと言い、どんな人を成功者と呼ぶかも、型破りな例がたくさん出てきていると思いませんか。「昔だったら考えられないんだけど…」と親が言いたくなる気持ちが、よくわかります。

「必ずこうでなくてはいけない、こうならば絶対安心」という絶対性が、昔よりは明らかになくなってきているのです。「そうでないよりはいい」という程度のことで、それが絶対的な決定打にはならないのです。

何が一番よいとは言えない時代、ますます個人の力とレベルに応じて、物事がやってきている時代です。

自分の精神レベルを鍛えない手はありません。**精神レベルさえ鍛えておけば、自由に思いどおりに生きていくことができるのです。**自分の望みどおりの生活をしていくことができるのです。

枠が外された
柔軟な社会
カパッ
大会社倒産
男性はこうあるべき
女性はこうあるべき
がなくなってきた
こうなれば絶対幸せなんてナイ!!
プロとアマの差がうすくなった
すっかり実力主義
主婦もいれば主夫もいる

執着を捨てると望みがかなう

物事をあるがままに受けとめて、「絶対こうでなくてはいやだ」というかたくなな思い込みをなくすと、物事への執着がとれてきます。

なにがなんでも実現させたい理想の状況を思い描くことは大切なのですが、「絶対、なにがなんでも、だれを蹴《け》落としても」と力を入れる理想は、ただの「執着」だと思います。

自分の心の持ち方次第でかなえられる理想というのは、自分がそうなりたいと思っていることであればなんでもいいわけではなくて、**それが他人の幸せを邪魔したり、傷つけたりすることが明らかにわかっている場合は、どんなに頑張ってもうまくいかないと思います。**

これは理想ではなくて、「欲」とか「我」というマイナスのものです。だれかを落として代わりにわたしが幸せになりたい、というようなマイナスの理想が、かなえられるわけはないですよね。

だから理想を思い描く時、はじめのうち意識の「型」ができ上がるまでは、ただ強く思い描いて信じればいいと思いますが、しばらくしたら、もう絶対そうなるのは決まっているのだから安心して、固執《こしつ》しないことです。これも、理想をかなえるコツです。もうそうなることが決まっているとしたら、頭の中でグイグイ念じることはしなくなります。「当然そうなるんだから」というところまで考えられるようになると、「なにがなんでも」という気はなくなってくるはずですよね。だって、もうそうなることなんですから。

かなえたい理想に執着しないようになった時、自然とかなってしまうものです。「前ほどはこだわっていない、どっちでもいい気がしてきた」というところまで気持ちがいくと、かなってしまうのです。

どこまでが「なにがなんでもかなえたい理想」で、どこから先が「自分の執着」になるのか、その境目がすごく難しいと思いますが、人は目指すものがあるからこそ努力するものですから、精進につながる「欲」は執着ではないはずです。

だれの幸せも妨げない自分が絶対実現させたいこと、それをどこまでも追い続けることは執着ではなくて、自分のレベルが上がれば必ずかなうことだと思います。

迷ったら本音で動く

二つの選択肢A、Bがあったとします。考えに考えてAを選んだ時、しばらくして「やっぱりBにしといたほうがよかったかな」と思うこともあるかもしれませんが、それはBを選んでいたとしても、同じように感じる時がきっとくるはずです。

しばらくたつと、どちらを選んでいてもそうそう変わりはなかった、ということに気付くのです。その先の状況が違ってくるとしたら、それは選んだ人の「心」次第です。「こっちでよかった」と思って楽しく明るく暮らせば幸せです。「あっちのほうがよかったかもしれない」といつまでも考えていれば、そのままです。

だから、どちらも同じようで迷った時、わたしは自分の直感を信じてなるべく余計なことは考えず、「こっちがいいなあ、なんとなく」と思うほうをとるようにしています。自分の心が自分にとって悪いほうを選ぶわけはないからです。

何か新しいことを始める時も、まわりの状況を考える前に、まずそれが自分の本音なのかどうか確かめることが大切です。

「今やっておいたほうがいいかな」ではなくて、「今やりたいかな」です。どんなに条件がそろっていても、自分が「なんとなく今はやりたくないのよね」と思うなら、本音で動くべきです。

でも普通、人は「自分の気持ちや感情で判断してはいけない」と考えるから、やりたくない時でも、なんとか気分を奮い立たせてやろうとしますよね。

でも、自分が本当に気持ちが乗っている時でないと、うまくいかないことが多いと思います。結局、本音でやりたいことを、やりたい時にやるほうが長続きして説得力があるし、自分にも相手にもよい結果を生むんですよね。

迷ったら本音で動く、こうして自分の考え方のパターンができ上がってくると、自分ではどうすればいいかわからない、という迷いがなくなっていくはずです。

直感は自分に必要な情報です。だから、迷ったら直感と本音で動くのです。

心が楽しいと感じることをする

今までお話してきた「物事をうまくいかせるために、どうやったら自分のレベルを上げられるか」は、すべて自分の本音に基づいた行動を勧めています。自分の本音で動く、心がどう感じているかに忠実に行動するのです。

「考えても解決しそうにない時は考えなくてよい」

「いやだなあと思う人とは無理して会う必要はない」

「自分が不安になることは考えない」

「なんだかこうしたいと思うことは行動に移す」

これらはすべて、自分のレベルを上げるためと言うよりも、自分の本音を優先させているだけなのです。

わがまま勝手にやることではありません。相手と自分と両方が楽しい気分になる考え方をしていたら、それが知らない間にプラスのパワーを増やす行いに結びついていた、ということなのです。

だから、自分の本音に忠実に、楽しいことをやるようにすれば、意識しなくても自然とレベルを上げる行いに結びついているのです。

なんだか気分がいいなあ、優しい気持ちになるなあと感じることは、本音で心が喜んでいることです。

だから、音楽を聞いて穏やかな気持ちになる、アロマテラピーでリラックスする、絵を見てホッとする、犬を見てかわいいなあと思う、心がうれしくなることは理屈をこねずになんでもやることです。

「一緒にいると楽しくなる人と会うことは、自分のレベルを引き上げてくれる」というのも同じことです。

逆に、やりたくないなと思うことは、本音でやりたくないと感じたら、やらなくていいことだと思います。

これは、なまけているのとは違います。自分がレベルを上げておけば、自然とやらなくても済むようになるのです。心がそれを求めていないからです。心が、自分の意にそぐわないものを自動的に排除してくれるのです。

人間の「心」は、プラスのパワーをいっぱいにしておくと、いやなことは排除して、うれしいことだけを引き寄せてくれる、なんでもかなう幸せな生活ができるようになっているみたいです。

「自分が楽しくなる考えや行動をしていれば、うまくいくほうに自然の流れができる」ということがわかってしまうと、本当に、なんでもありがたくなって、感謝したくなります。わたしは絶対大丈夫、という自信ができるからです。だから、「感謝する」というのも、自然とわいてきたことなんですよね。

「自分の好きなことをやってきたら、うまくいっちゃった」という人がいますが、これもつくづく、理にかなっていることだと思います。

好きなことをしていれば自分の気分がよくなります。気分が明るくなって幸せなので、いやな考えを持たないようになります。

「好きこそものの上手なれ」とはよく言ったもので、好きなことは自分の得意分野になっているはずだから、努力を努力と思わずうち込むことができて、プラス思考になっていきます。「プラス思考になろう」と思わなくても、自分の本音で動いているので自然とそう考えるようになるのです。

自分の好きなことをやって成功したいと考える人は多いと思いますが、好きなことをやらなければ成功できないのかもしれません。

自分の本音でやる、本音が一番のアドバイスであることに気付くべきだと思います。

自分の人生の中で起こることは、どんなことでも全部自分が作りだしていることです。

偶然はありません。

自分のレベルさえ上げておけば、いつも明るい気持ちで過ごしていれば、どんなことでも必ずうまくいくような流れが自分でつくれるのです。

人との出会いも、自分にふさわしい人がやってくるのです。

こうすれば必ず幸せ、という絶対的条件はなくて、どれを選んだとしても、そこでの不満や楽しみは全部自分が作りだしているのです。

心の態勢を明るいほうにスイッチしてよいことだけを考えるようにすれば、今日からでも自分の理想へ生活が流れていくのです。

そして、「絶対うまくいく」と信じることです。

わたしはずっとキリスト教の学校で育ったのですが、聖書の中に、

「いつも喜んでいなさい、たえず祈りなさい、すべてのことについて感謝しなさい」

という聖句があります。

小さい頃は気にとめたこともなかった言葉でした。でも、今ならよくわかります。

意味のわからなかった小学生の頃から、同じことを何回も言い続けてくれた先生方にも感謝したい気分です。

あとがき

二十四歳の若造が、こんなえらそうな題材で本を書くことを許されるなんて、本当によい時代になりました…（笑）。

今までは、こういう類《たぐい》の本って、哲学者とか、心理学者とか、人生を悟ったり、その道を極めたある年齢以上の方が書くものでしたよね。だから、「こんなえらそうなこと、書いて大丈夫かなあ」と、わたしも最初はずいぶん迷いました。

でも、こういう時こそ本音でいこうと思うので、「今、心から書きたいことって、やっぱりこれしかないな」と思って、書いてしまうことにしたのです。

それに、このようなことに耳を傾けようとしている人や、とっくにわかっていて実践している人が、年齢や職業に関係なく、最近本当に増えてきたと思います。口に出さないだけです。柔軟な人が増えてきて、本当によい時代になりましたよね。

ひとつ誤解しないでいただきたいのは、今のわたしが、ここに書いてきたことをすべて実行できているわけではありません。

「あ、こういう心で暮らすと本当にこう流れていくのね」ということが生活の中でいろいろと証明されて、人の心と物事の関係がわかりかけているところです。まだまだ驚いている最中で、まだまだ努力中です。

でも、これだけは断言できます。

成功している人たち、穏やかに楽しく豊かに暮らしている人たち、このような人たちは、間違いなく、プラスの行いをして精神レベルが高いから幸運が与えられているのです。このような人たちを「運がよい」と言うなら、その**運は、自分でつくることができるのです。自分のまわりに起こることは、全て自分が招き寄せていることなのです。**人の「意識」や「心」の持つパワーのすごさには、本当に鳥肌がたちますが、これをアップさせればどんどん楽しいことが起こるので、これからがすごく楽しみだし、努力のしがいがあるっていうものです。

若いわたしに、このようなことを叫ぶ機会を与えてくださったグラフ社の皆様、文章も挿絵《さしえ》も、すべてわたしの好きなようにかかせてくださり、素敵な本に仕上げてくださった編集の山田のりこさん、臼井しのぶさん、本当にありがとうございました。

人とのめぐり合わせ、すべてのことに、感謝。

あなたは絶対！運がいい

著　者＊浅見帆帆子
発行者＊中尾是正
発行所＊株式会社グラフ社
〒150-0011　東京都渋谷区東1-26-26
電話・東京(03)3409-4610
振替・00120-5-55778
http://www.graphsha.jp
印刷所＊図書印刷株式会社

ISBN4-7662-0642-8 C0095